HISTORIA

FRANCESCO BERTOCCO

5 HISTORIA. STORIA DELLA CURA E DELLA MEDICALIZZAZIONE DELL'ARTE

Sono atterrata a Milano il 18 ottobre 2019, il giorno in cui sono iniziate le prime barricate a Santiago del Cile, lasciando una città, nella quale vivo da quasi otto anni, che si preparava a un mese pieno di eventi, inaugurazioni, incontri, dopo un anno di mostre internazionali inedite (Anish Kapoor, Cildo Meireles, Martha Rosler). Sembrava che, improvvisamente, tutti volessero venire in Cile, come se in questo territorio distante e isolato dalle Ande si cercasse l'ultima oasi di un mondo in rovina. Oasi è infatti la parola con cui lo stesso presidente cileno definiva e vendeva l'immagine del paese all'estero a pochi giorni dalle rivolte di ottobre.

Questo entusiasmo contagioso, che ha lasciato credere a me e a molti altri che ogni cosa fosse possibile, era l'eredità dei governi socialisti sudamericani in vigore dal nuovo millennio: Juan Antonio Ríos Morales, José Mujica, Rafael Vicente Correa, Luiz Inácio Lula da Silva, Néstor Kirchner e Michelle Bachelet in Cile. É stato durante questo clima di speranza sociale ed economica che ho iniziato a lavorare con Francesco, invitandolo a esporre il suo video *Affective Science* per la tredicesima biennale delle arti mediali di Santiago nel 2017.

Da quella esperienza è iniziato il suo interesse a conoscere un paese che, quasi a ripetere un destino già segnato, è stato suo malgrado sempre all'avanguardia. É in Cile che l'11 settembre del 1973 si è imposto per la prima volta nel mondo il modello neoliberale dei Chicago boys, esperimento economico che ha privatizzato ogni servizio pubblico, eliminando violentemente le poche tracce del socialismo democratico di Salvador Allende, durato solo mille giorni. Ed è ancora una volta qui che lo stesso modello è ora sotto dura accusa. Quando sono tornata a novembre, durante gli ultimi giorni di coprifuoco militare, ho trovato un paese completamente cambiato in poche settimane. L'oasi era diventata un inferno. Tutto chiuso e tutto in fiamme, ogni evento cancellato, il sogno neoliberale sudamericano di un benessere svanito nel nulla. In Cile, prima ancora del coronavirus, chi non era in strada a manifestare era già in un'autoimposta quarantena, i musei sbarrati, in alcuni casi incendiati, e le mostre sospese da quell'ottobre pre-rivoluzionario.

La forte repressione militare e la fitta nebbia dei gas lacrimogeni rendeva difficile muoversi per la città, ma l'energia delle rivolte era contagiosa, estendendosi proprio come un virus, senza distinzione di età o di classe, come se si trattasse di una nuova primavera sessantottina.

Nell'ultimo anno, le manifestazioni continue, le azioni femministe e collettive come quelle di Las Tesis hanno puntato a sospendere per sempre ogni normalità. Con l'obiettivo di dare "dignità" al popolo, tutte le istituzioni sono state messe in discussione, fino a ottenere un referendum per una nuova costituzione che nei prossimi due anni darà vita alla prima assemblea costituzionale al mondo paritaria e che includa le comunità indigene. Il sistema di salute, fortemente privatizzato ed elitista, è uno dei punti principali del dibattito ancora aperto. Né Salvador Allende nel 1970 e nemmeno Michelle Bachelet nel 2014 – nonostante fossero entrambi medici, socialisti, e abbiano implementato misure di medicina sociale nei loro rispettivi governi – sono riusciti a installare un sistema sanitario che si possa avvicinare al modello socialdemocratico europeo: garantito, pubblico e capillare, cosa che i cileni stanno ora esigendo.

Scrivere e pensare alla storia della medicina cilena in un momento in cui la scienza medica occidentale è messa sotto duro attacco per il Covid-19 è quasi un atto di meta-scrittura. Una contingenza imprevedibile che ha obbligato a riorganizzare non solo la mostra di Francesco e la sua produzione ma anche il suo contenuto, almeno in termini curatoriali, per la inaspettata incidenza che l'opera ha assunto in queste circostanze pandemiche e di cambiamento della costituzionale locale.
L'analisi storica della ricerca mette in evidenza l'incidenza politica nella costituzione di una medicina contemporanea cilena: dalle pratiche curative ancestrali yatiri e mapuche all'eredità botanica del colonialismo spagnolo fino all'influenza italiana degli studi fisiognomici di Cesare Lombroso, dalla centralità delle scoperte nei campi della chimica e della biologia nel XIX secolo alla moderna esigenza di igienizzazione sociale e controllo del corpo secondo i precetti della biopolitica.
Questa sintesi paradigmatica non è casuale, è infatti rappresentata in ogni suo aspetto nel murales del 1957 *Historia de la Medicina y la Farmacología en Chile* dell'artista Julio Escámez.[1]

HISTORIA. STORIA DELLA CURA E DELLA
MEDICALIZZAZIONE DELL'ARTE

[1]   Julio Escámez è nato vicino a Concepción nel 1925, ha studiato a Firenze la tecnica dell'affresco medievale, affascinato da Giotto e Piero della Francesca. Il suo lavoro si inserisce all'interno del muralismo sudamericano e del realismo sociale, che in Cile ha avuto una forte influenza sulla scena artistica – specialmente quello messicano, come dimostrano i murales di David Siqueiros creati nel suo viaggio cileno tra la fine degli anni Trenta e principio degli anni Quaranta. Escámez era anche amico di Pablo Neruda, per il quale ha illustrato un libro,

8 L'affresco è visibile all'interno dell'antica farmacia Maluje a Concepción, città del sud del Cile, e copre i circa 200 metri quadrati della parte superiore delle pareti interne. É diviso in tre sezioni, ognuna delle quali rappresenta un diverso momento della storia della medicina e della farmacia in Cile.

La storia di questo murales è peculiare, in primo luogo perché è uno dei pochi lavori sopravvissuti al colpo di stato, ma anche per la sua committenza, la famiglia Maluje,[2] farmacisti di origine siriana che fecero costruire all'architetto Javier Gutierrez un edificio con doppio finestra per poter mostrare il dipinto che avevano intenzione di installare nel locale.

Il clima artistico e culturale negli anni Cinquanta a Concepción era fervente, ma perché i committenti e l'artista hanno scelto di rappresentare la storia della medicina e della farmacia cilena? Nel 1952 in Cile si sviluppa il primo sistema sanitario nazionale, su modello inglese, sostituendo la molteplicità di mutue private e sindacali così come di opere pie che erano l'unico bacino sanitario del paese. Questa riforma rimarrà in vigore fino al 1973, sostituita durante la dittatura a un sistema prevalentemente privato. L'affresco riassume i diversi momenti chiave di questa storia. La prima sezione chiamata "Homenaje a la medicina: medicina natural" (Omaggio alla medicina: medicina naturale) è divisa in due aree che rappresentano la medicina e la farmacia dei mapuche – popolazione indigena del centro-sud del paese che operava attraverso pratiche curative collettive resistite durante la colonizzazione spagnola e che tutt'ora hanno una larga diffusione in questa comunità. Si può osservare in questa prima scena una *Machi* (*curandera*, ovvero guaritrice, mapuche) e le erbe medicinali locali, come il boldo. Successivamente è raffigurata una cerimonia religiosa chiamata *Nguillatún*, nella quale attraverso canti, balli e l'uccisione di un animale si chiede benessere e salute per il popolo in momenti di difficoltà, ad esempio dopo catastrofi naturali o sociali – in Cile i terremoti sono frequenti e fanno parte della visione cosmologica dei mapuche.

e di Violeta Parra, artista e cantante popolare. Il suo impegno come pittore l'ha portato a realizzare opere per l'Università di Concepción e per Salvador Allende, molte delle quali furono distrutte dai militari dopo il colpo di stato. L'artista si è poi esiliato in Costa Rica, dove è morto nel 2015.

2 Dedicati all'omeopatia e alla solidarietà sociale – il loro figlio è uno dei desaparecidos della dittatura – vendono la farmacia nel 2004 e il locale è attualmente una filiale della Droguería Alemana.

9 La seconda sezione, anch'essa divisa in due parti, raffigura un convento domenicano e una casa padronale, entrambe simboli della conquista spagnola. Nella scena dedicata al convento viene dipinta una suora intenta a curare dei malati e a preparare estratti botanici e altri farmaci, ordinati in contenitori di ceramica, rivelando così l'influenza della cultura europea nella sistematizzazione delle conoscenze erboristiche locali. La cura dei pazienti è accompagnata da preghiere e musica e una colomba appare come simbolo di pronta guarigione. I sacerdoti, raffigurati mentre consultano documenti nella parte superiore dell'affresco, suggeriscono lo studio della botanica. L'affresco rivela l'aspetto comunitario e religioso come parte essenziale della cura, caratteristica propria anche della medicina indigena. La terza sezione "Homenaje a la medicina: la vacunación" (Omaggio alla medicina: la vaccinazione) è dedicata alla medicina moderna attraverso la raffigurazione di laboratori di farmacia e fisiologia e la somministrazione di vaccini – che, insieme all'implementazione di misure igieniche, sarà fondamentale per sviluppo della medicina preventiva. Nella parte inferiore, tra provette ed esperimenti farmacologici è visibile la figura del dottor Alejandro Lipschutz, famoso endocrinologo e antropologo, consulente di Salvador Allende. Nella parte destra della sezione, invece, è affrescato il processo di vaccinazione massiva per la tubercolosi effettuato dal sistema di salute nazionale proprio in quegli anni – tra le persone rappresentate ci sono l'artista Violeta Parra e la señora Maluje. Conclude l'affresco l'immagine di una bomba atomica, simbolo della guerra fredda appena iniziata, e il suo inventore il fisico Robert J. Oppenheimer, che per essersi opposto all'uso bellico della sua scoperta verrà perseguitato come filo-comunista negli Stati Uniti.
Questo murales mette in scena non solo una storia lineare e sintetica di quella che può essere definita la medicina cilena, ma suggerisce anche e soprattutto la necessità universale di un benessere politico e sociale. Quello che rimane invariato nelle diverse latitudini e paradigmi storici del mondo è infatti il desiderio, la ricerca, la necessità della cura come atto di sopravvivenza individuale e sociale.
Qual è, infatti, lo scopo principale della medicina, come scienza o come rituale, se non proprio la cura? Il curare ha un duplice significato che proviene dall'etimologia della parola latina *cura*: da una parte significa l'avere a cuore qualcuno o qualcosa, prestare attenzione all'altro, immedesimarsi, ma allo stesso tempo proprio questa attenzione rimanda a un'idea di custodia e sorveglianza, a un inesorabile controllo. Questa dualità è propria

della medicina premoderna ippocratica – in greco antico la parola *pharmakon* significa allo stesso tempo rimedio, medicina e veleno. C'è quindi una linea sottile che separa il curare dall'ammalare e che con lo svilupparsi della scienza contemporanea è diventata sempre più labile. Il filosofo e scrittore Ivan Illich nel suo libro *Nemesi medica. L'espropriazione della salute*, evidenzia tre ragioni secondo le quali la medicina moderna non solo non si preoccupa più di curare, ma addirittura viola le proprie regole interne producendo nuovi mali: "inevitabilmente produce danni clinici superiori ai suoi possibili benefici; deve mascherare le condizioni politiche che minacciano la salute della società, e tende a espropriare il potere dell'individuo di autocurarsi e di plasmare il suo ambiente".[3] Questa espropriazione di cui parla l'autore è parte di una lettura biopolitica della medicina propria della filosofia continentale del Novecento, e in particolare di Michel Foucault, che con le sue ricerche sull'isteria, la sessualità e sul panopticon aveva già evidenziato la correlazione indissolubile tra corpo fisico, corpo sociale e corpo politico.

Capitolo cruciale di questo processo di espropriazione del potere dell'individuo si può considerare l'igiene. Nata come scienza medica alla fine dell'Ottocento, si sviluppa per tutto il ventesimo secolo con lo scopo principale di prevenire le malattie attraverso il controllo del corpo e dell'ambiente che lo circonda. Questo importante processo di monitoraggio delle cause patogene ha portato allo stesso tempo a compromettere le relazioni umane, per il fatto che ogni contatto tra corpi può significare una possibile trasmissione di malattie. La comunità può diventare quindi una minaccia per l'individuo, che tende di conseguenza a una logica di sopravvivenza autonoma, a un progressivo isolamento sociale. Il processo di igienizzazione ha paradossalmente comportato una crescente necessità di individualismo. C'è un aspetto collettivo extra-scientifico che viene omesso in nome di una salute individuale, funzionale, che polemicamente Giorgio Agamben chiama la "nuda vita". Il modello medico che si basa solo sull'individuo e non sulle relazioni sociali vede nella cura unicamente uno strumento finalizzato alla sopravvivenza o alla ottimizzazione del singolo, ma le pratiche ancestrali in Cile – o anche in Italia – non potevano prescindere dalle relazioni comunitarie come mezzo essenziale per cercare di ristabilire il benessere, integrale, di una persona. La condizione di fiducia

3 Ivan Illich, *Nemesi medica. L'espropriazione della salute*, Arnoldo Mondadori Editore, Milano 1977, p. 9.

e di credenza collettiva in queste pratiche di guarigione sono parte integrante del processo curativo. Non esiste cura senza una comunità, così come afferma il filosofo Roberto Esposito nel suo libro *Immunitas: protezione e negazione della vita*,[4] dove al centro della discussione troviamo proprio il concetto di immunità come conseguenza di una cura collettiva.

In maniera speculare, l'arte e la curatela non possono sussistere in maniera autonoma, ma necessitano di una stretta relazione comunitaria che viene troppo spesso omessa. L'opera d'arte funziona come un corpo organico ed è sottoposta alla stessa logica di igienizzazione della medicina contemporanea: nonostante la sua stessa esistenza dipenda fortemente dalla comunità artistica e dalle regole interne che ne determinano il significato, la tendenza è quella dell'autonomia, al sussistere indipendentemente dal luogo di produzione o dalla sua contestualizzazione curatoriale, come oggetto unico e assoluto. L'opera d'arte è tale invece solo se collettivamente riconosciuta come tale da parte del *mondo dell'arte*,[5] in caso contrario è solamente un oggetto o un'immagine come un'altra, così come il corpo di ognuno di noi, come ente fisico isolato dal mondo, è solamente "nuda vita". La relazione tra l'artista e tutte le figure che partecipano alla realizzazione di una mostra o di un'opera è essenziale per la genesi di quest'ultima.

La cura, in tutte le sue significazioni, prima ancora della ricerca scientifica, è diventata quindi la principale chiave di lettura del progetto di Francesco Bertocco: quella della contingenza politica di un paese che vuole guarire dalle profonde ferite storiche imposte dalla dittatura; del virus che ha sospeso e cancellato ogni "normalità" mettendo al centro della discussione mondiale le politiche del corpo; della curatela come forma di medicalizzazione dell'arte, nel senso ambivalente di questa pratica – così come è ambivalente la cura e la medicina stessa – che presuppone lo strutturale contributo alla genesi, alla diffusione e contestualizzazione dell'opera ma allo stesso tempo un processo di "igienizzazione" e controllo.

La storia della medicina cilena che Francesco Bertocco ha analizzato evidenzia proprio il passaggio da una cura collettiva a

HISTORIA. STORIA DELLA CURA E DELLA
MEDICALIZZAZIONE DELL'ARTE

4 Roberto Esposito, *Immunitas: protezione e negazione della vita*, Einaudi, Torino 2002.

5 Arthur Danto "The Artworld", *The Journal of Philosophy* 61, n. 19, 1964, p. 571-84.

una salvezza individuale, comune a molti ambiti della società attuale, e legato a un processo di storicizzazione ancora in corso. Il titolo del progetto *Historia*, pur non menzionando direttamente il tema, fa riferimento a una necessaria temporalità legata alla cura come processo di guarigione: un'anteriorità stabile, una contingenza problematica, un evolversi insicuro. La medicina come scienza si basa su un processo essenzialmente storico aperto a multiple variazioni che non permette conclusioni certe.

Lo stesso atto di storicizzazione è parte del lavoro curatoriale tramite cui l'opera d'arte abbandona il suo status di autonomia e, attraverso un intervento di contestualizzazione nello spazio e nel tempo, si apre a significati differenti, imprevedibili. La storia quindi come processo, come forma di "medicalizzazione", incerta e ambivalente, è parte integrante non solo della ricerca artistica di questo progetto ma anche della sua stessa possibilità realizzativa, proprio per l'impossibilità attuale di ogni previsione.

Un'opera d'arte non è un evento isolato, frutto del genio che si manifesta improvvisamente, ma è un cammino spesso collettivo che si basa su scambi e fratture, ripensamenti e decisioni, un prima e un dopo. Ogni aspetto di questo lavoro rimanda quindi alla consapevolezza di essere parte di un unico processo. Anche il mezzo espressivo del video, usato dall'artista in tutti i suoi lavori, rimanda alla ricerca sul tempo e sul suo significato. Si potrebbe dire che il titolo di questo progetto riassume, in un certo modo, tutte le opere precedenti di Francesco, quasi fosse un riconoscimento intuitivo di questa strutturale relazione tra storia e scienza; la sua ricerca sulla psicologia, gli affetti, l'interazione problematica tra la natura umana, intima, e la freddezza asettica, funzionale, della scienza contemporanea, sono tutti aspetti dei precedenti lavori che rimandano in maniera diretta o indiretta al concetto di cura e alla sua storicità, sviluppata su opposizioni costanti.

Non c'è nulla di più distante, non solo geograficamente ma anche culturalmente, tra Milano e Santiago, e lo sguardo di Francesco, analitico e poetico allo stesso tempo, rispecchia queste differenze insolubili che sono solo in apparente contraddizione tra di loro. É quando queste dualità si combinano che si può arrivare a una sintesi, a un sincretismo impuro. Forse proprio questo abisso di differenze ha spinto Francesco a cercare in Cile una linea di continuità della sua ricerca, rivelando nella storia della medicina di questo paese un segno fortemente riconoscibile dell'occidente ma anche una traccia delle culture originarie che sono minacciate di estinzione da secoli o, per contrapposizione, idealizzate ma marginalizzate come folclore.

Come tutti i progetti artistici, o almeno la gran maggioranza di quelli indipendenti, gli inizi sono stati di autogestione e solidarietà: lunghe conversazioni esistenziali, la preoccupazione di trovare possibili finanziamenti, le bibliografie condivise per la ricerca, i ripensamenti, i tentativi a vuoto, e la determinazione di arrivare dall'altra parte del mondo per capire, conoscere e mettersi in discussione. Francesco è stato a casa mia a Santiago in un viaggio di esplorazione e conoscenza e in questa piacevole condivisione quotidiana siamo diventati principalmente amici. É attraverso gli affetti e la collaborazione che ha preso forma il lavoro; il viaggio a La Tirana, paese nel deserto del nord del Cile con il curatore locale Rodolfo Andaur che lavora nel territorio al confine con la Bolivia, per cercare le tracce della cultura Yatiri e le contaminazioni delle molteplici migrazioni, tra cui quella italiana, spinte dal commercio delle miniere di salnitro. La co-produzione di una parte del lavoro insieme alla documentarista Tiziana Panizza, la disponibilità dei ricercatori del Museo della chimica e della Farmacia a scrivere per questa pubblicazione e l'accesso alla loro preziosa biblioteca, con documenti scientifici del periodo coloniale.

La storia e la sua narrazione, fatta di quotidianità e di interazioni umane, sono diventate parte integrante del lavoro, così come la cura e la curatela – ossia una metodologia di riorganizzazione di un presente incerto e un futuro inimmaginabile. La storia della medicina in Cile – ma si potrebbe affermare lo stesso anche per l'Occidente – non è altro che il tentativo di igienizzare, catalogare, definire le pratiche popolari di guarigione.

In questo caso la dualità tra scienza e conoscenza ancestrale si presenta come una forma di contrapposizione che nella cultura medica moderna si risolve con l'esclusione di una delle due parti. Tuttavia, questa scientificità asettica e di esclusione ha un'origine abbastanza recente, che in America Latina corrisponde al periodo postcoloniale e in Europa al positivismo, alla fine del XIX secolo. Sorprende infatti constatare come nei documenti di periodo coloniale consultati da Francesco, erbari finemente elaborati e compilati dai missionari domenicani e datati attorno al XVI e XVII secolo, erano sempre presenti la descrizione e le proprietà di piante autoctone utilizzate dalle popolazioni indigene come medicinali. C'era quindi nella prima modernità coloniale una curiosità di conoscenza e di maggiore apertura alla contaminazione culturale, fenomeno che ha favorito diversi sincretismi – come per esempio il Barocco andino,

14 o come la festa popolare de La Tirana nel nord del Cile, in cui gli elementi del cattolicesimo rappresentati dalla celebrazione della Madonna del Carmine si sono mischiati con le tradizioni dei carnevali popolari andini. Questo sincretismo è stato progressivamente abbandonato nella contemporaneità a favore della messa in evidenza delle differenze culturali, come forma di visibilità e controllo, accettate solo attraverso un regime di coesistenze, cioè di differenze insolubili.

Il sincretismo, come forma di mediazione e superamento delle opposizioni in una sintesi aperta e imprevedibile, sembra essere quindi un paradigma non solo culturale ma anche politico e sociale, che presuppone la contaminazione delle cose ma non la loro subordinazione.

Non c'è quindi nella ricerca di Francesco sulla medicina e sulla cura l'idea di un superamento teleologico dei problemi, del malessere fisico e sociale, quanto una forma di convivenza necessaria di differenti paradigmi culturali e di approcci a situazioni critiche. Il sincretismo, come metodologia e forma di adattamento alle avversità od opportunità storiche, è stato riformulato nel 2016 dalla biologa e filosofa Donna Haraway nel suo libro *Staying with the Trouble: Making Kin in the Chthulucene*.[6]

La tesi di Haraway è quella della *sympoiesis* (co-creazione), una forma di ibridazione adattativa che non si basa sulla competizione individualista darwiniana ma sulla capacità di vivere con i problemi in maniera comunitaria, senza renderli invisibili o senza cercare di eliminarli in nome di una presunta normalità, creando invece *kin*, connessioni, ibridazioni, forme di sopravvivenza che si mettono in discussione continuamente senza escludere nessuna delle parti.

La storia di quest'ultimo anno, ma non solo, si può quindi leggere alla luce della necessità di abbandonare ogni tendenza finalista, di superamento, di normalità, di eliminazione dei problemi, in favore di nuove forme sincretiche di esistenze, comunitarie, collaborative e meno competitive.

Santiago, Cile
20 gennaio 2021

M. MUSCATELLO

6 Donna Haraway, *Staying with the Trouble: Making Kin in the Chthulucene,* Duke University Press, Durham, NC 2016.

HISTORIA. HISTORY OF HEALTH CARE AND
THE MEDICALIZATION OF ART

I landed in Milan on October 18, 2019, the day on which the
first barricades went up in the streets of Santiago, leaving a city,
where I've been living for almost eight years, that was getting
ready for a month filled with events, openings and meetings
after a year of unprecedented international exhibitions (Anish
Kapoor, Cildo Meireles, Martha Rosler). It seemed as if, all of a
sudden, everyone wanted to come to Chile, as if they were seek-
ing the last oasis of a world in ruin in this distant land isolated
by the Andes. And oasis is in fact the word that the president of
Chile used to define and sell the image of the country abroad
just a few days before the revolts of October.
This infectious enthusiasm, which let me and many others
believe that anything was possible, was a legacy of the South
American socialist governments in power since the new mil-
lennium: Juan Antonio Ríos Morales, José Mujica, Rafael Vicente Correa, Luiz Inácio Lula da Silva, Néstor Kirchner, and
Michelle Bachelet in Chile. It was in this climate of social and
economic hope that I started to work with Francesco, inviting
him to show his video *Affective Science* at the 13th Media Arts
Biennial in Santiago in 2017.
Out of that experience sprang his interest in getting to know
a country that, almost as if it were repeating a fate which was
already sealed, has always been in the vanguard whether it
liked it or not. It was in Chile that on September 11, 1973, the
neoliberal model of the Chicago Boys was imposed for the
first time anywhere in the world, an economic experiment
that entailed the privatization of every public service and
the violent elimination of the few traces of Salvador Allende's
democratic socialism, which had lasted only a thousand days.
And it is here that the same model is once again under fierce
attack. When I went back in November, during the last days of
military curfew, I found a country that had changed completely
in the space of a few weeks. The oasis had become an inferno.
Everything shut up and everything in flames, every event
canceled, the South American neoliberal dream of prosperity
vanished into thin air. In Chile, even before the coronavirus,
those who were not protesting in the streets were already in
self-imposed quarantine, the museums closed, in some cases

16   burnt down, and the exhibitions suspended from that pre-revolutionary October.

The harsh military repression and the dense clouds of teargas made it difficult to move around the city, but the energy of the revolts was contagious, spreading just like a virus, without distinction of age or class, as if it were the spring of 1968 all over again. Over the last year, the continual demonstrations, the feminist and collective actions like those of Las Tesis, have aimed at suspending all normality for good. With the objective of giving "dignity" to the people, all the institutions have been brought into question, with the end result of obtaining a referendum for a new constitution that in the next two years will give rise to the first constitutional assembly in the world to be made up of equal numbers of men and women and with the inclusion of indigenous communities. The highly privatized and elitist health system is one of the main points of the debate still under way. Neither Salvador Allende in 1970 nor Michelle Bachelet in 2014—despite the fact that both were physicians and socialists and had implemented measures of social medicine in their respective governments—had succeeded in setting up a health service that could bear comparison with the European social-democratic model: the kind of guaranteed, public and widespread system that Chileans are now demanding.

Thinking and writing about the history of Chilean medicine at a time when Western medical science has been placed under severe strain by COVID-19 is almost an act of meta-writing. An unforeseeable contingency that has required us to reorganize not only Francesco's exhibition and its production but also its content, at least in curatorial terms, owing to the unexpected significance that the project has assumed in the circumstances of the pandemic and the change in the local constitution.

The historical analysis presented by the research highlights the role of politics in the establishment of a contemporary Chilean medical service: from the ancestral curative practices of the Yatiri and Mapuche to the botanical legacy of Spanish colonialism and the Italian influence of Cesare Lombroso's physiognomic studies, from the centrality of the discoveries made in the fields of chemistry and biology in the 19th century to the modern requirement of social sanitation and control of the body in accordance with the precepts of biopolitics.

This paradigmatic synthesis is not accidental. Every aspect of it is in fact represented in the mural *Historia de la Medicina y la Farmacología en Chile* painted by the artist Julio Escámez

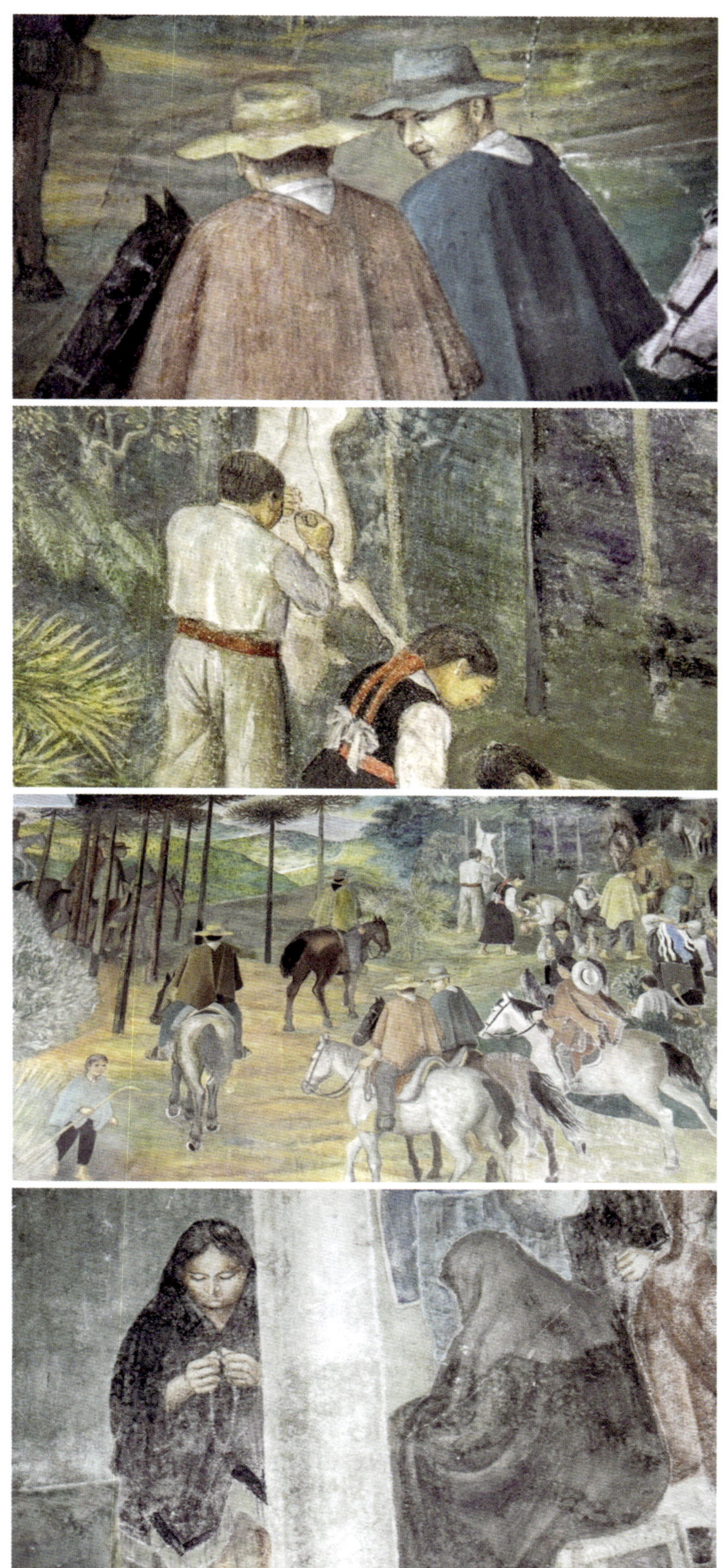

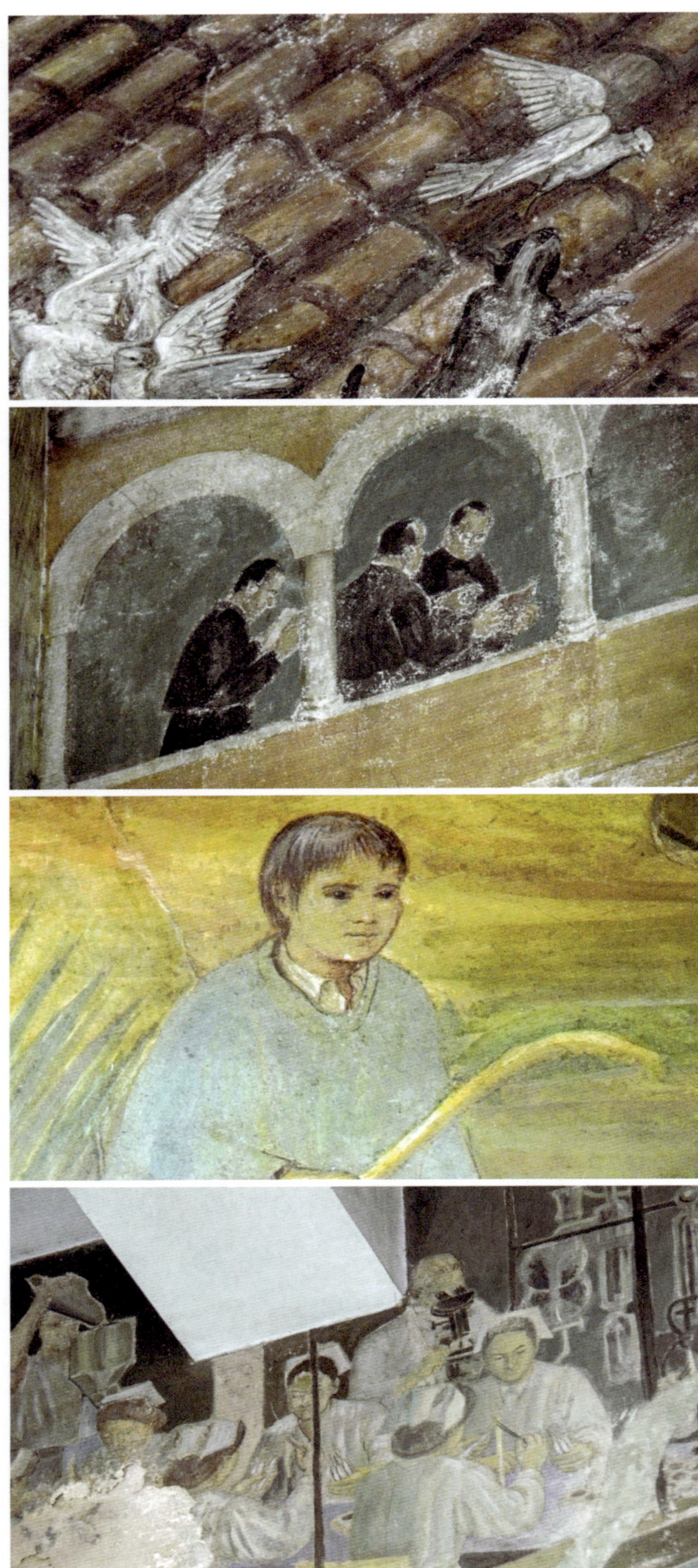

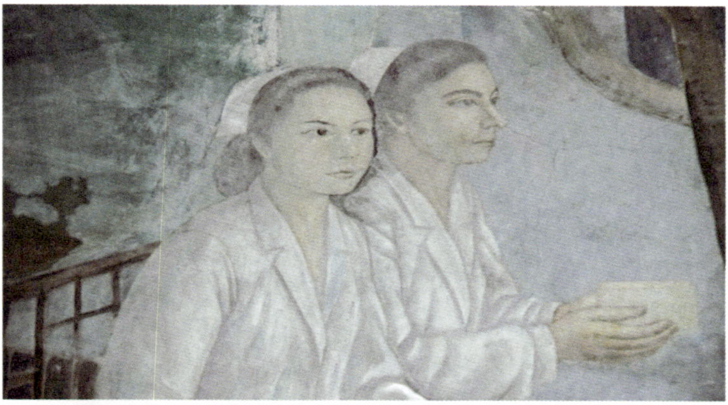

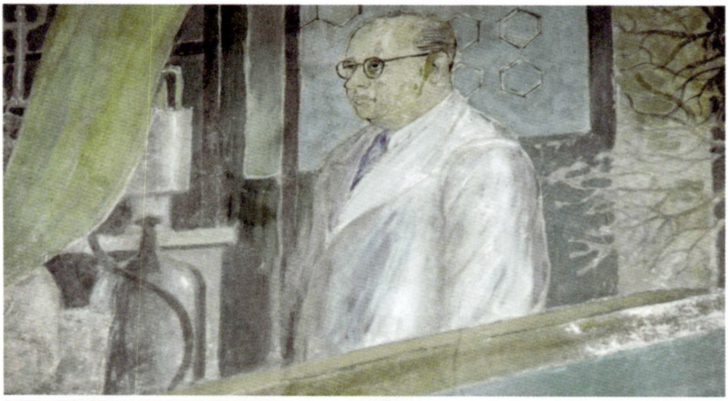

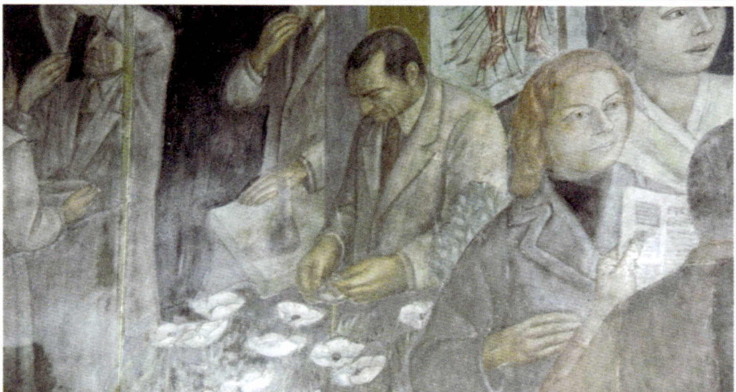

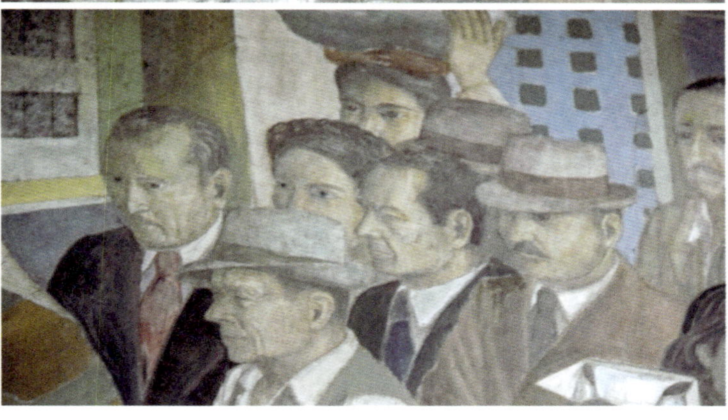

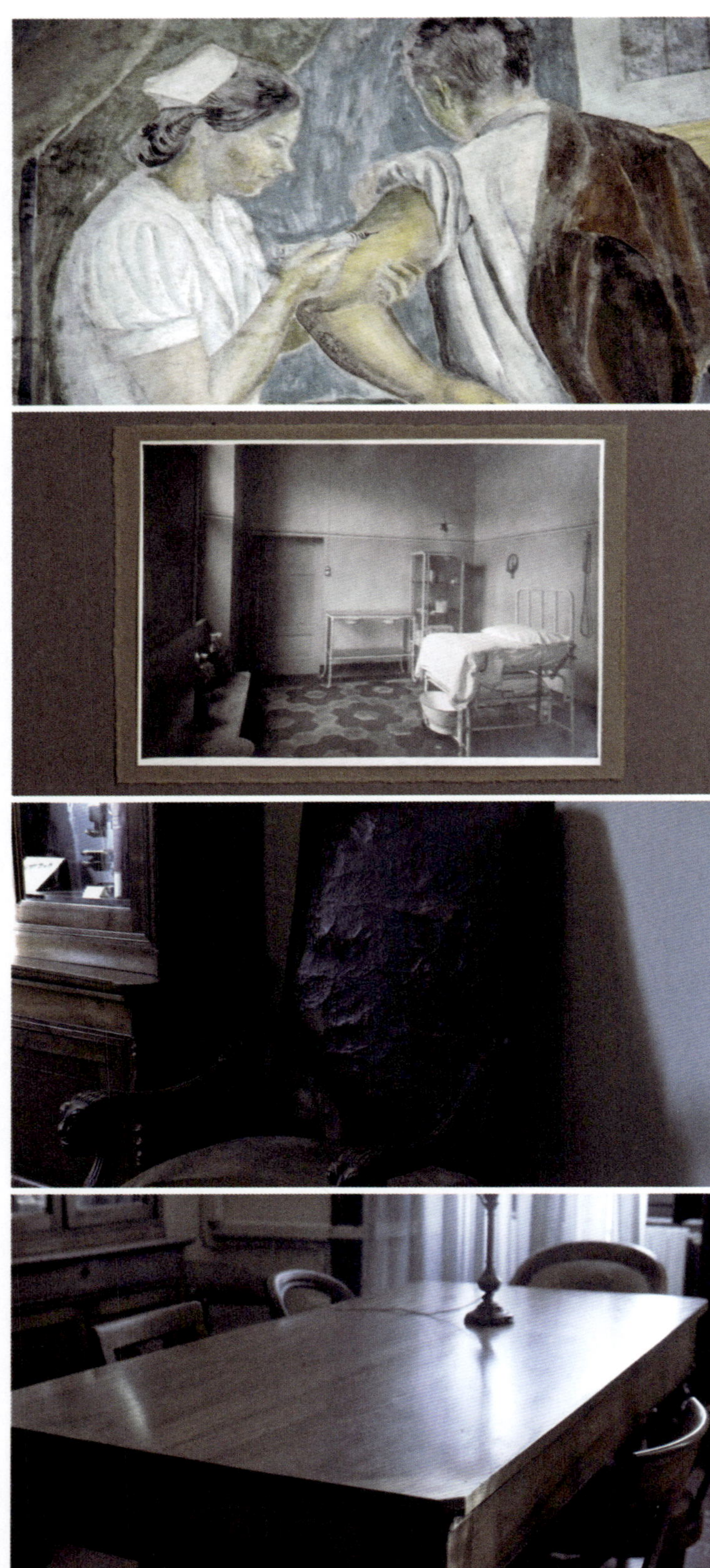

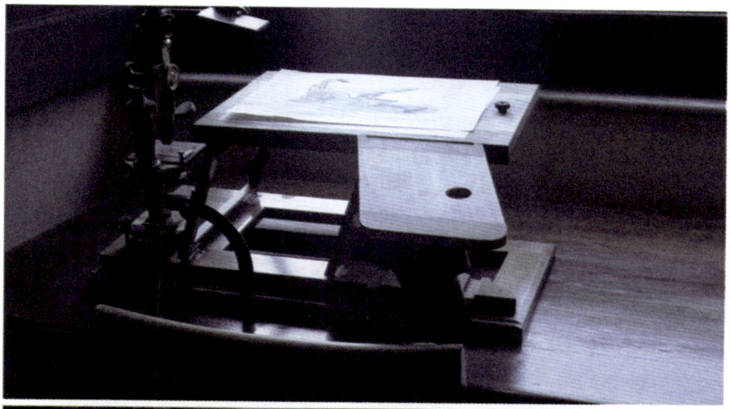

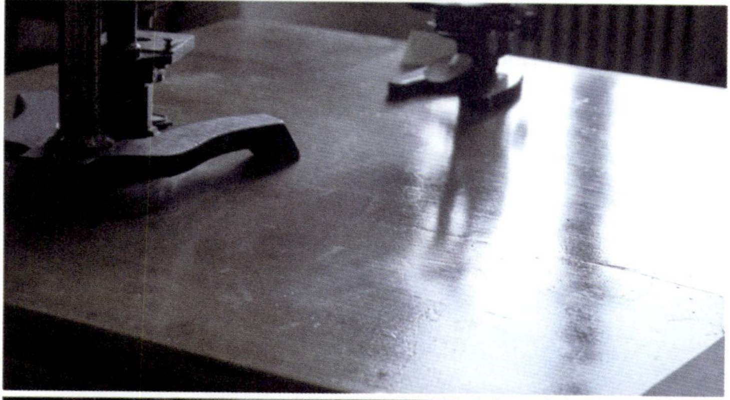

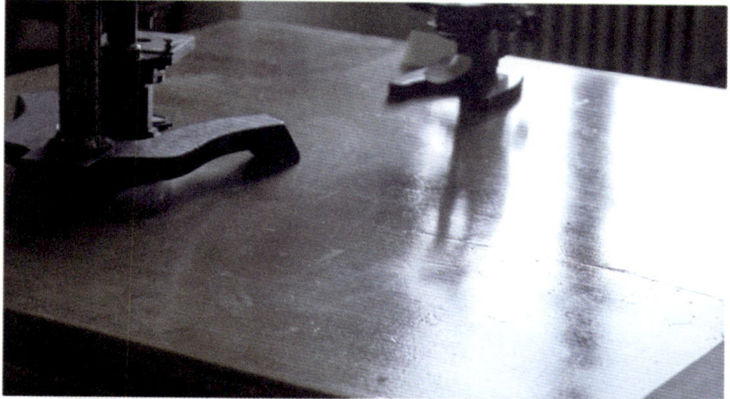

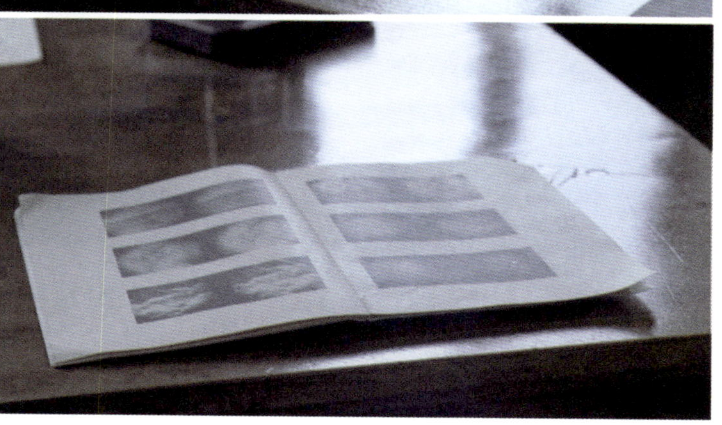

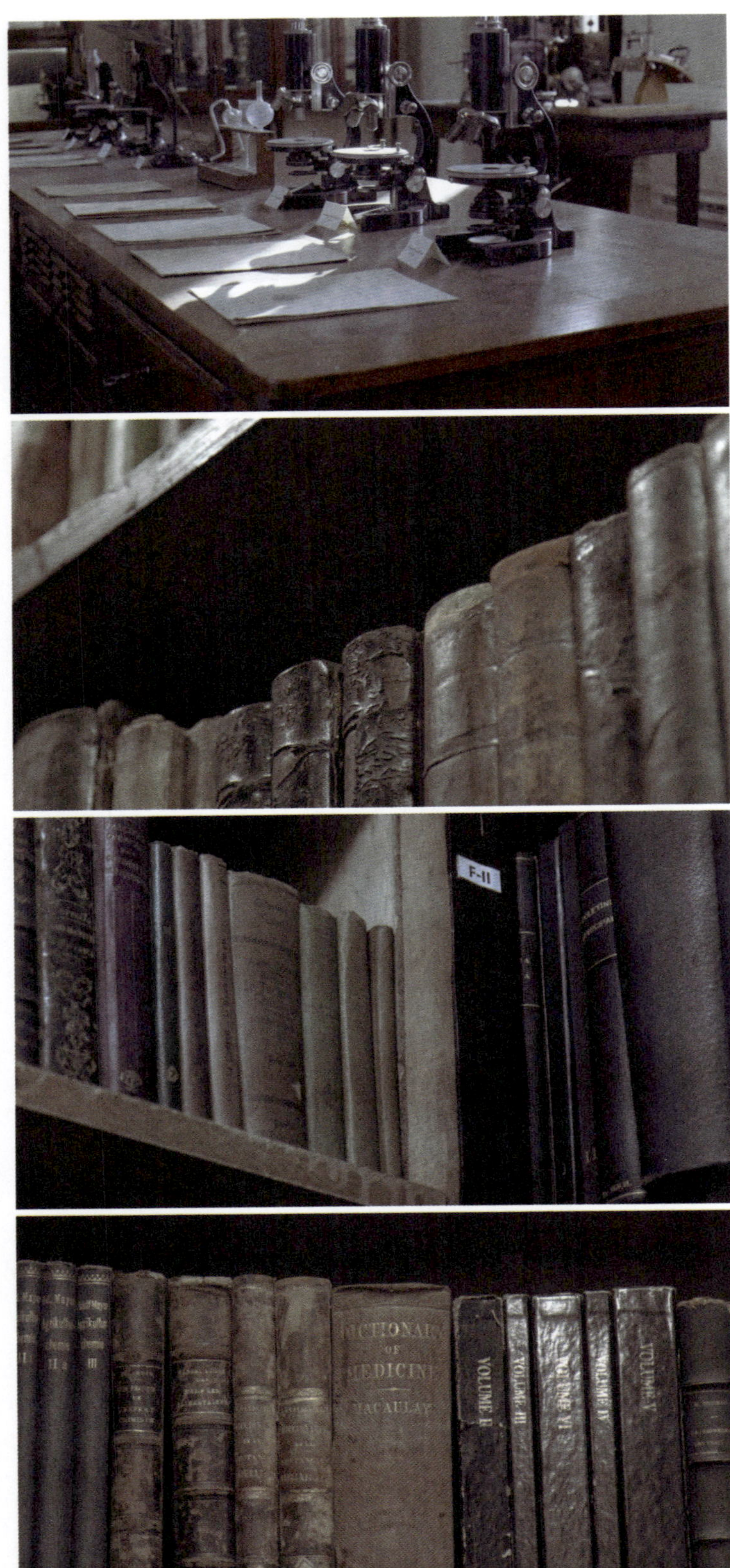

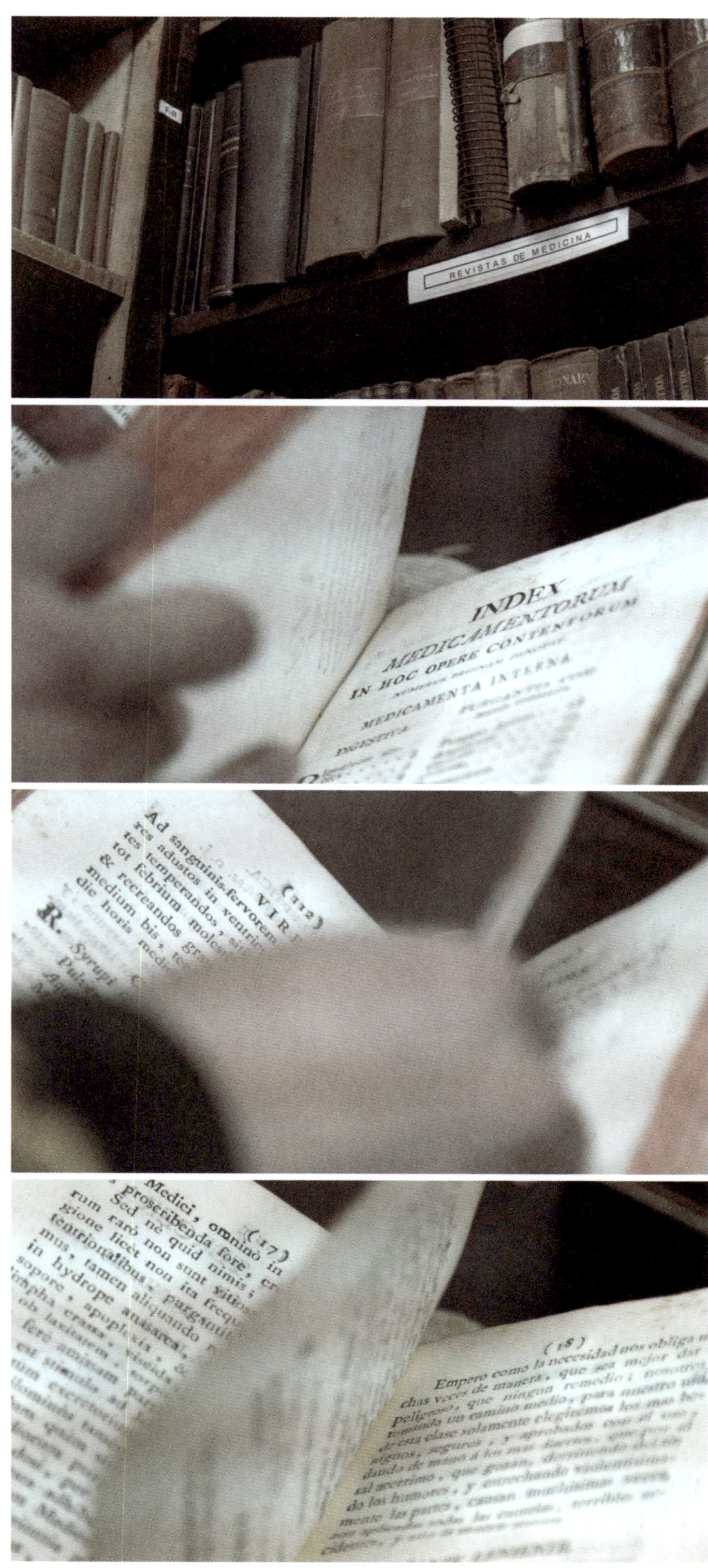
REVISTAS DE MEDICINA
INDEX
MEDICAMENTORUM
IN HOC OPERE CONTENTORUM
MEDICAMENTA INTERNA
(17)
Medici, omnino in
(18)
Empero como la necesidad nos obliga

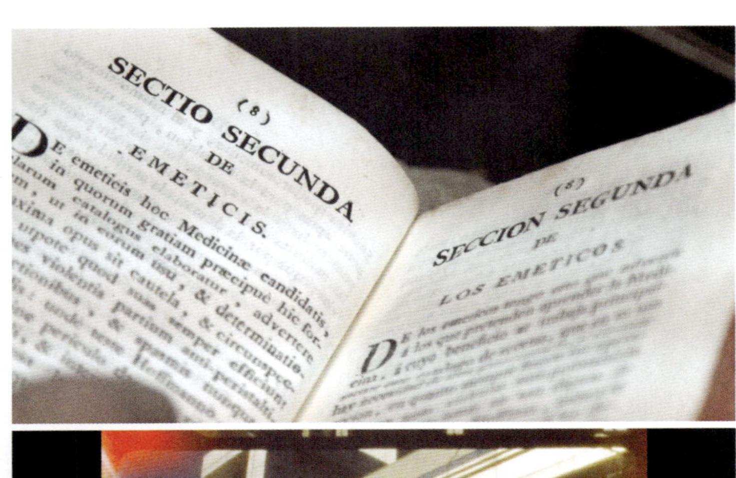
(8)
SECTIO SECUNDA
DE
EMETICIS.
DE emeticis hoc Medicinæ candidatis,
in quorum gratiam præcipuè hic for-
maximè opus sit cautela, & determinatio.
(8)
SECCION SEGUNDA
DE
LOS EMETICOS

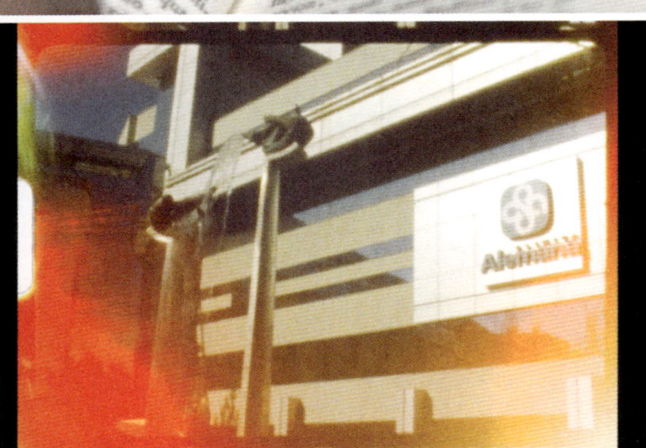
Alstom

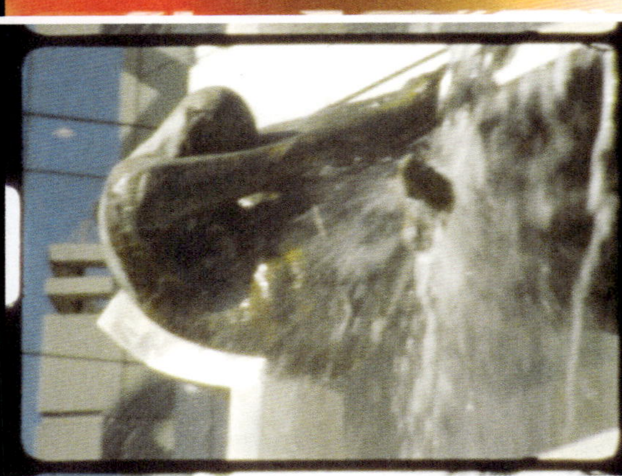

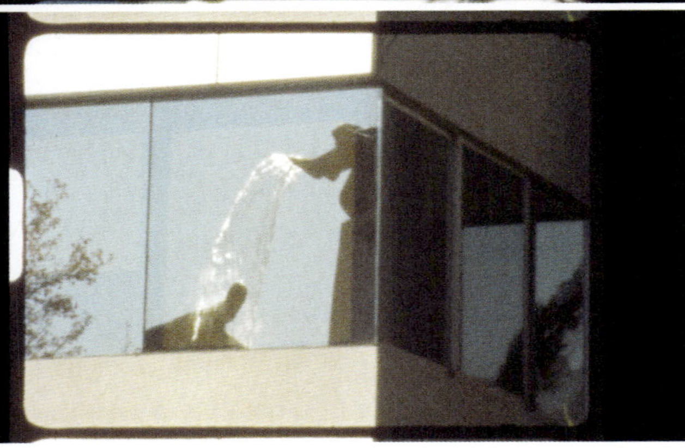

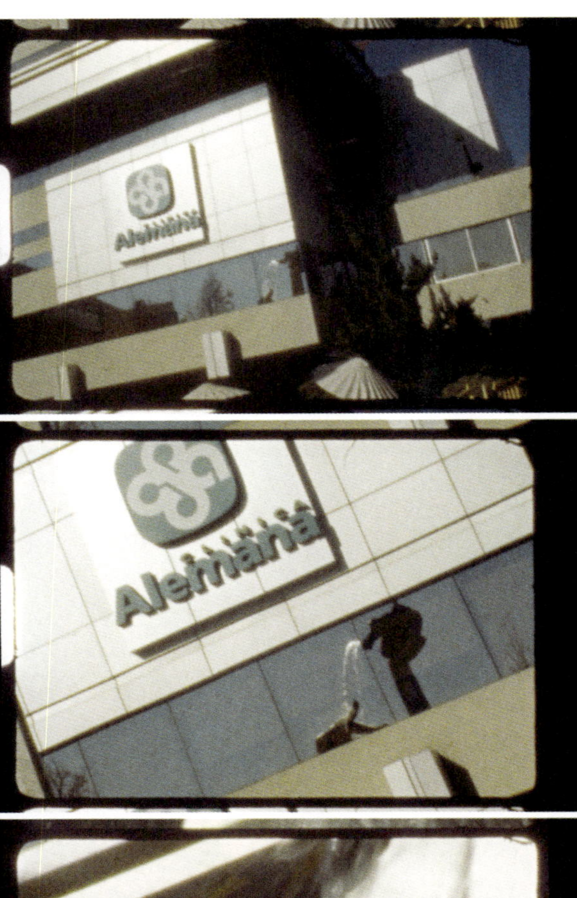
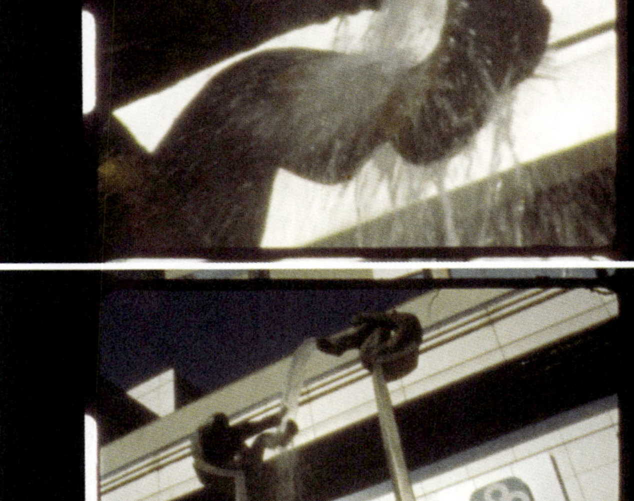

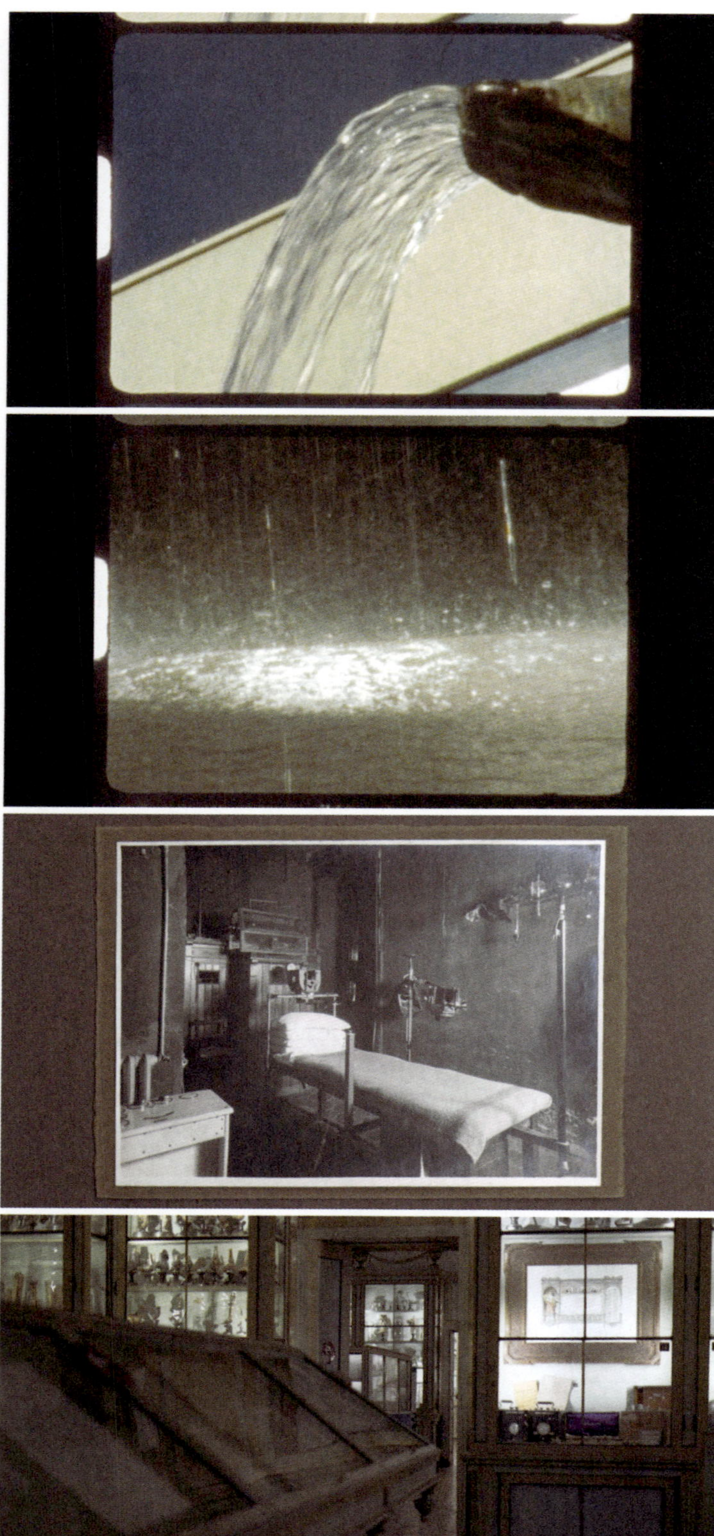

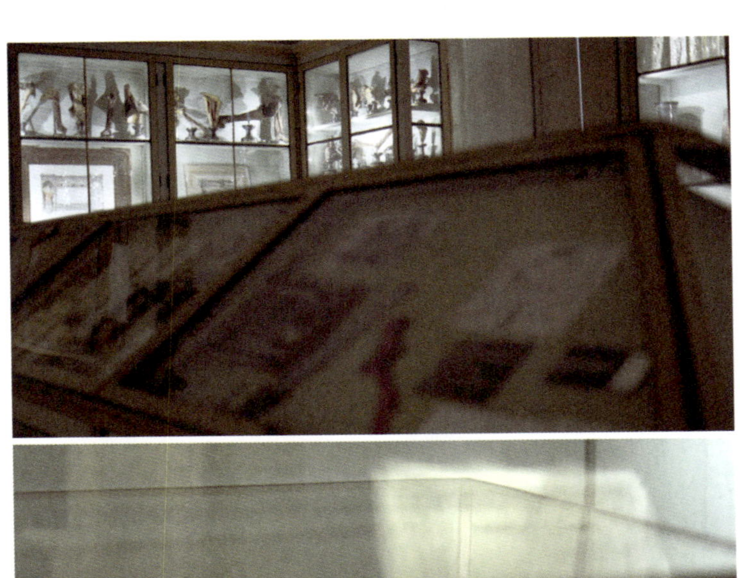

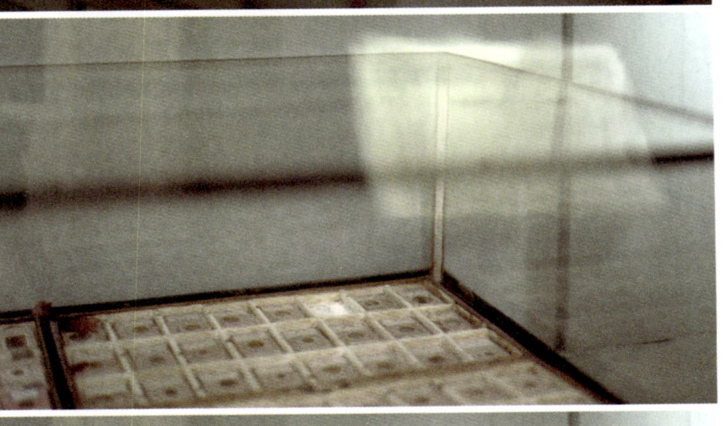

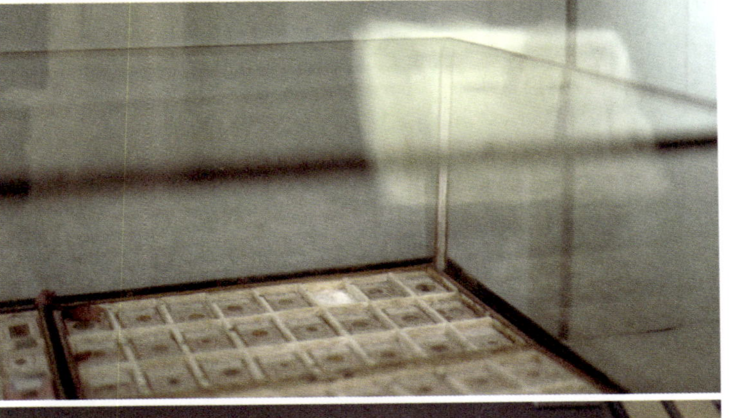

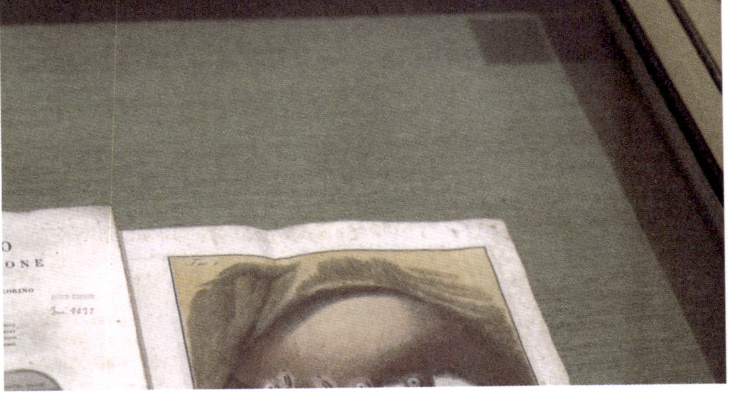

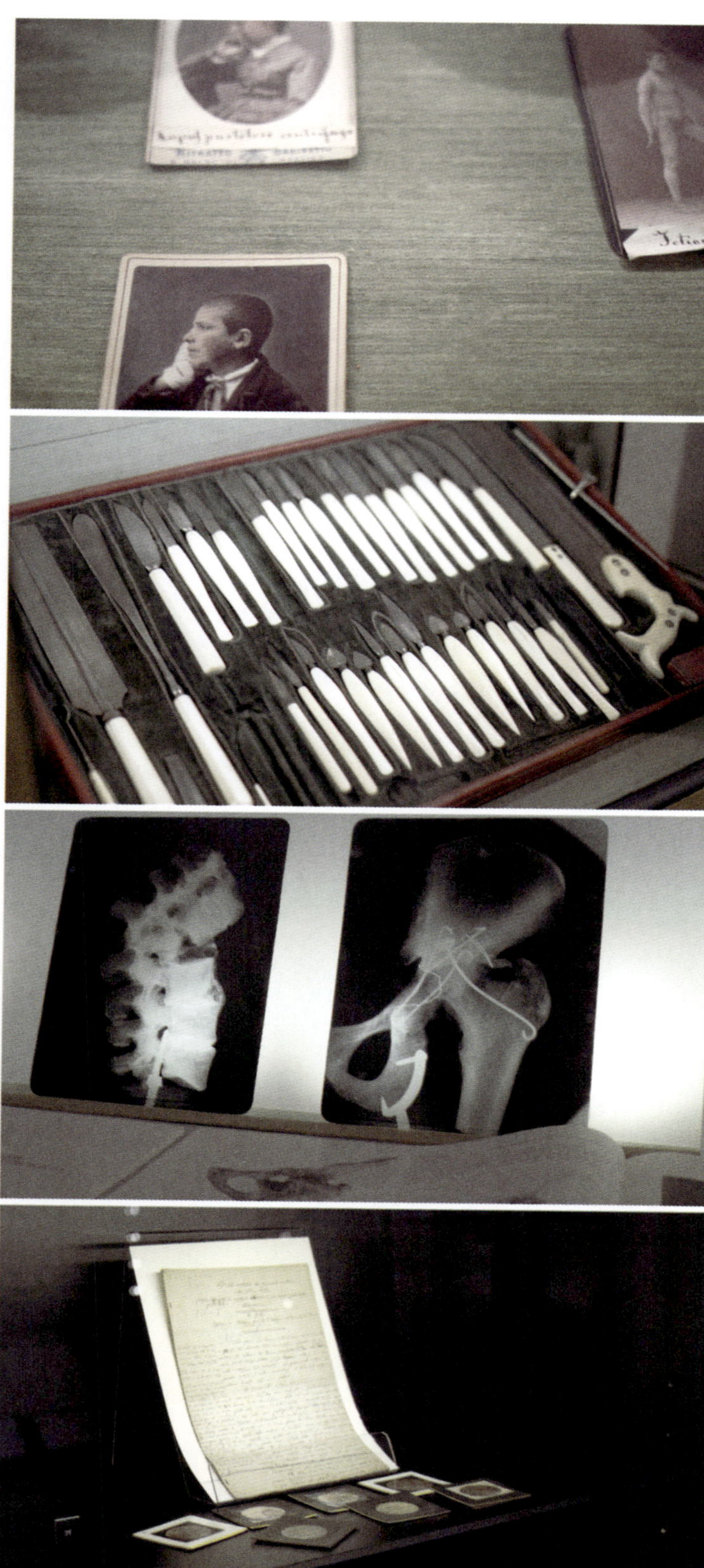

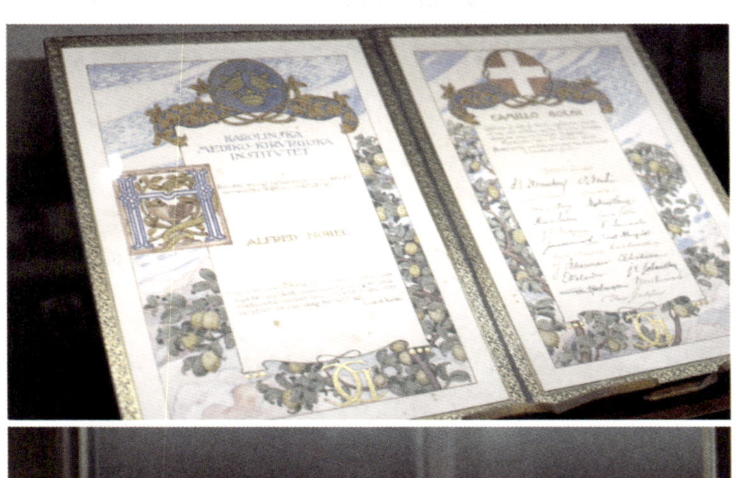

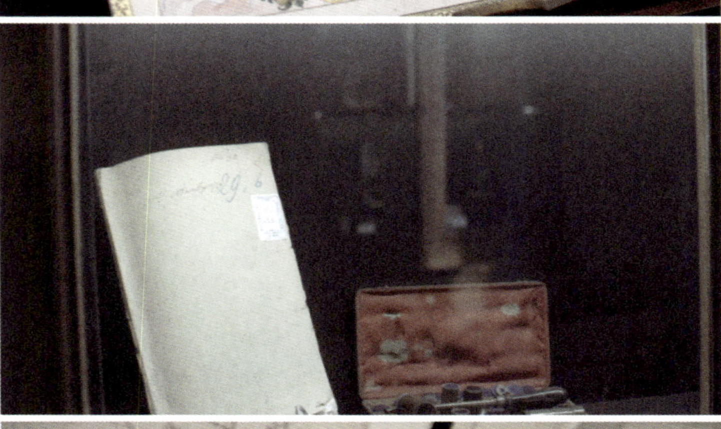

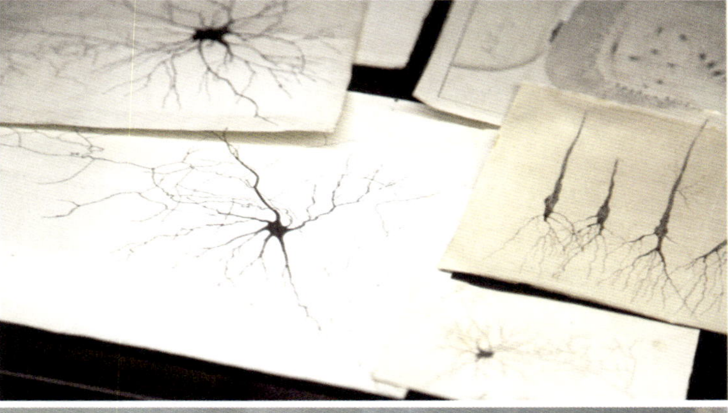

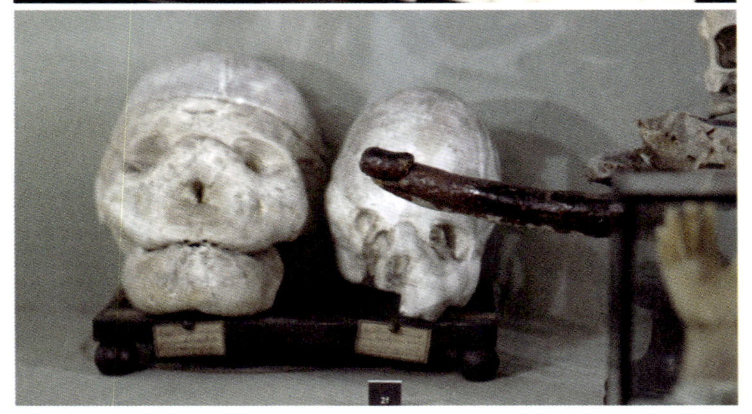

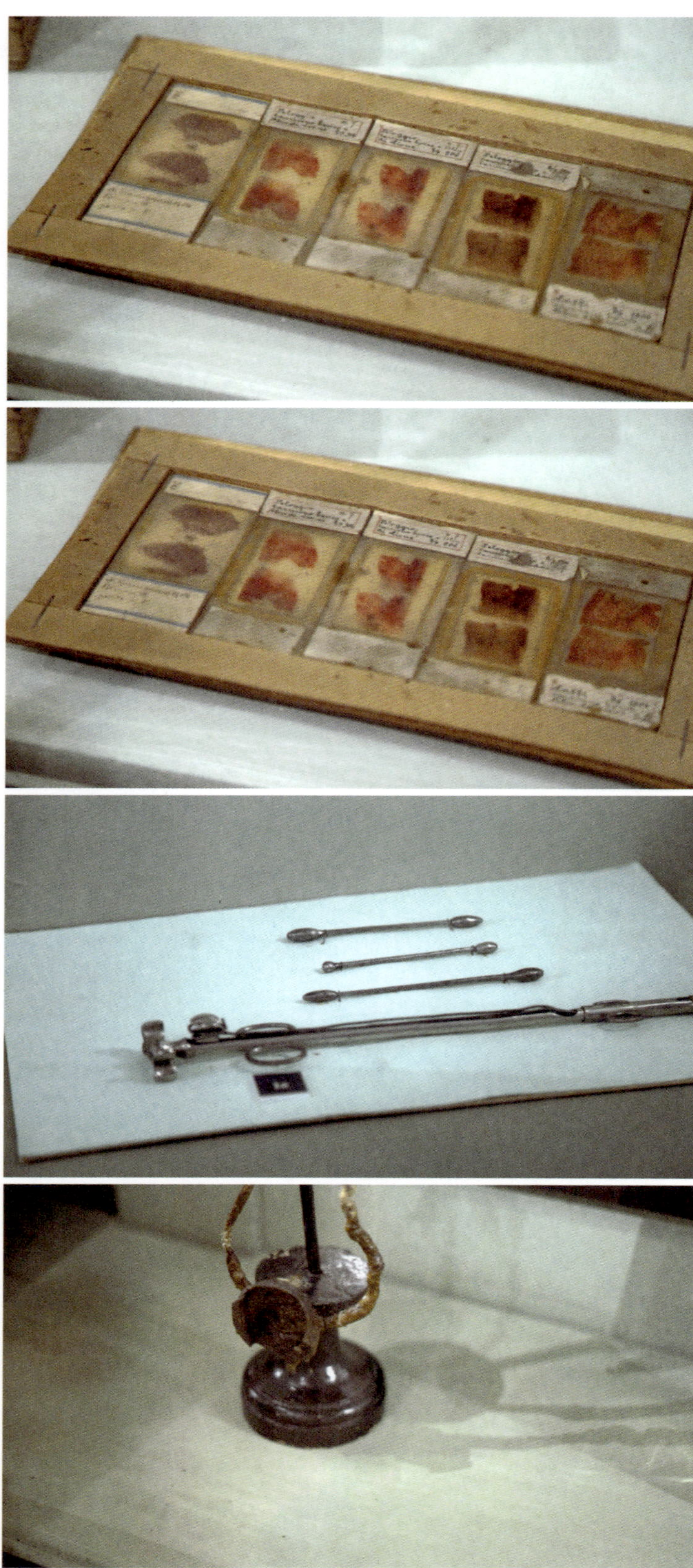

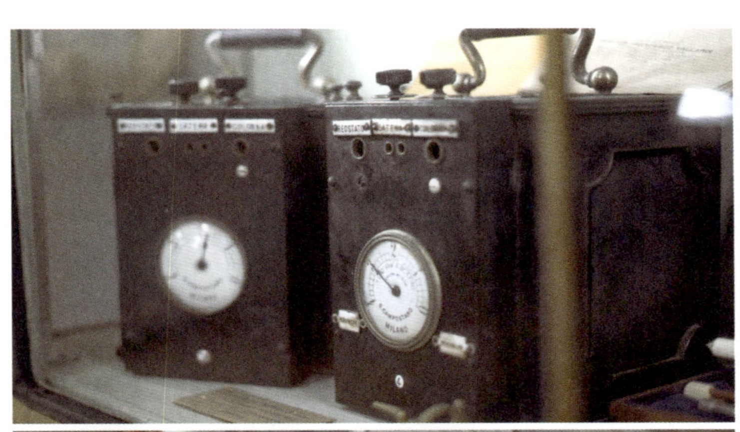

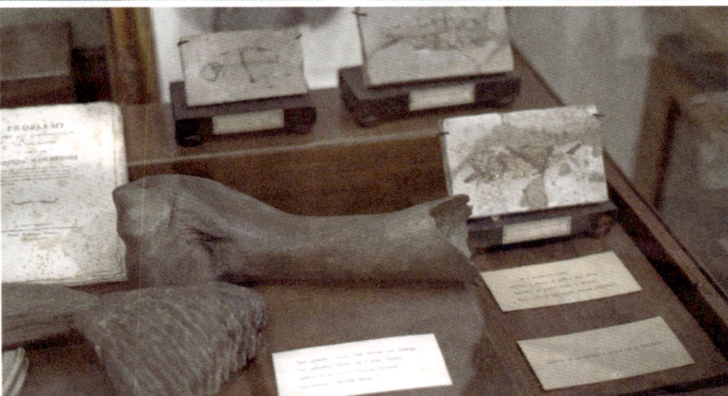

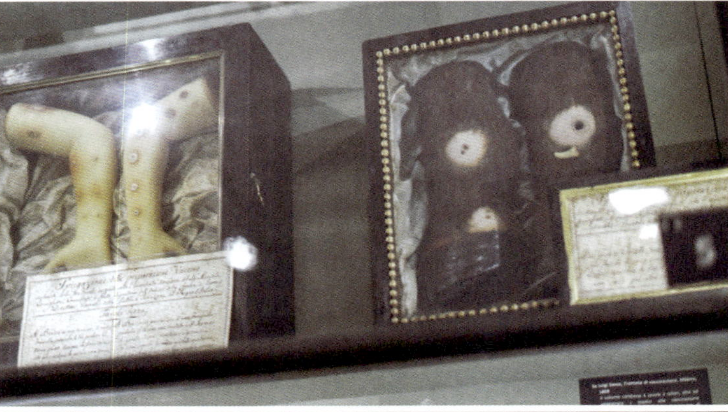

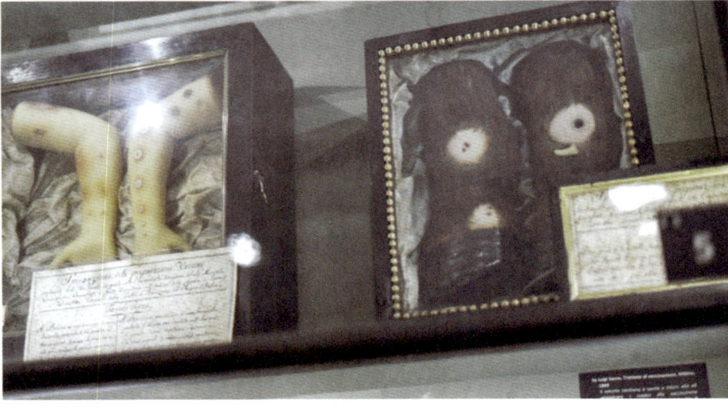

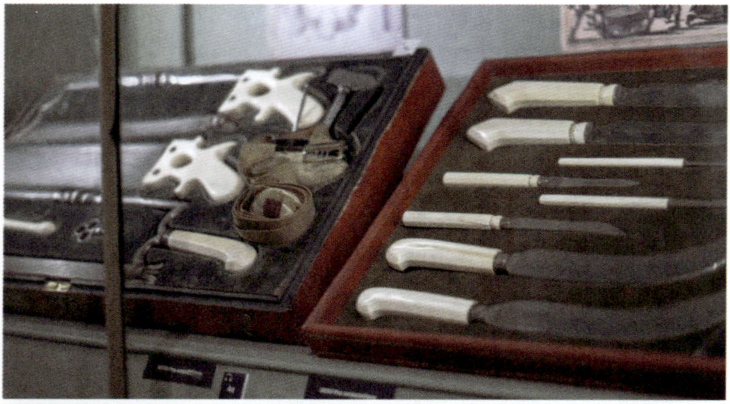

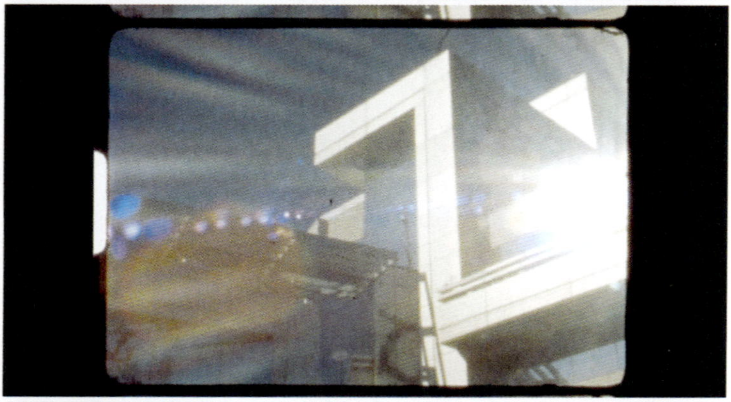

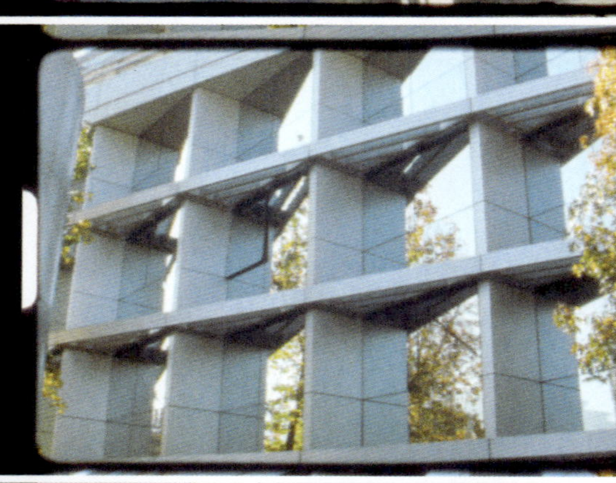

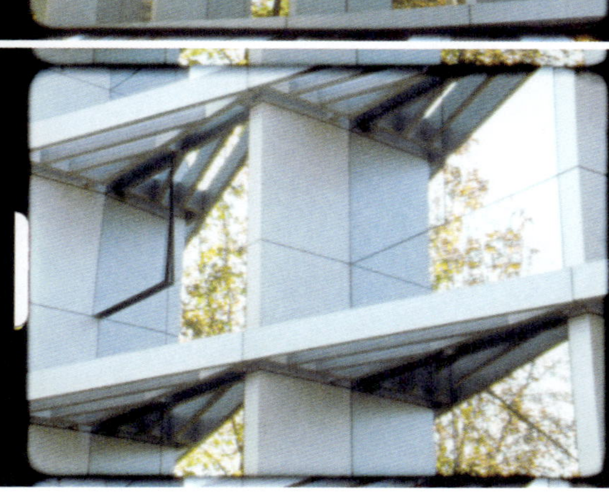

33 in 1957.[1] The fresco can be seen in the former Maluje pharmacy in Concepción, a city in the south of Chile, and covers roughly 200 square meters on the upper part of the walls inside. It is divided into three sections, each of which represents a different moment in the history of medicine and pharmaceutics in Chile. The story of this mural is a peculiar one, first of all because it is one of the few works by the artist to have survived the coup d'état, but also because of its client, the Maluje family,[2] pharmacists of Syrian origin who had the architect Javier Gutierrez construct a building with a double window so as to be able to display the painting they intended to install on the premises.

The artistic and cultural climate of the 1950s in Concepción was a fervent one, but why did the clients and the artist choose to represent the history of Chilean medicine and pharmaceutics? In 1952 the first national health service was set up in Chile. Based on the British model, it replaced the multiplicity of private and union mutual aid associations and charities that were the only source of health care in the country. This reform would remain in force until 1973, and then was replaced under the dictatorship by a predominantly private system.

The fresco sums up the key moments in this history. The first section, entitled *Homenaje a la medicina: medicina natural* ("Homage to Medicine: Natural Medicine), is split into two parts representing the medicine and pharmacopeia of the Mapuche—indigenous inhabitants of south-central Chile whose collective

1   Julio Escámez was born near Concepción in 1925 and studied the technique of medieval fresco in Florence, where he was fascinated by Giotto and Piero della Francesca. His work falls within the current of South American muralism and social realism that had a strong influence on the art scene in Chile—in particular the Mexican variety, as is evident from the murals David Siqueiros painted during the time he spent in Chile between the end of the 1930s and the beginning of the 1940s. Escámez was also a friend of Pablo Neruda, for whom he illustrated a book, and the artist and folk singer Violeta Parra. His commitment as a painter led him to execute works for the University of Concepción and for Salvador Allende, many of which were destroyed by the military after the coup d'état. The artist then went into exile in Costa Rica, where he died in 2015.

2   Devoted to homeopathy and social solidarity—their son was one of the *desaparecidos* under the dictatorship—they sold the pharmacy in 2004 and it is now a branch of the Droguería Alemana.

medical practices survived Spanish colonization and are still widely utilized in this community. In this first scene we see a *Machi* (a Mapuche *curandera*, or healer) and local medicinal herbs, like the plant called boldo. Next is depicted a religious ceremony called *Nguillatún*, in which song, dance, and the slaughter of an animal are used to ask wellbeing and health for the people in moments of difficulty, for example after natural or social disasters—earthquakes are frequent in Chile and are part of the cosmological vision of the Mapuche.

The second section, also split in two, depicts a Dominican convent and a manor house, both symbols of the Spanish conquest. In the scene devoted to the convent we see a nun treating the sick and people preparing plant extracts and other medicines and placing them in ceramic jars, thereby revealing the influence of European culture on the systematization of the local knowledge of herbs. The treatment of patients is accompanied by prayer and music and a dove appears as a symbol of speedy recovery. The priests, depicted consulting documents in the upper part of the fresco, suggest the study of botany. The fresco shows the community and religious aspect to be an essential part of care, a characteristic of indigenous medicine as well.

The third section, *Homenaje a la medicina: la vacunación* (Homage to Medicine: Vaccination) is devoted to modern medicine through the representation of pharmaceutical and physiology laboratories and the administration of vaccines—which, along with the implementation of sanitary measures, would prove fundamental to the development of preventive medicine. In the lower part, amongst phials and pharmacological experiments, can be seen the figure of Dr. Alejandro Lipschutz, a famous endocrinologist and anthropologist who was an advisor to Salvador Allende. In the right-hand part of the section is depicted the process of mass vaccination against tuberculosis carried out by the national health system in just those years—among the people represented are the artist Violeta Parra and señora Maluje. The fresco concludes with the image of an atomic bomb, a symbol of the Cold War that had just commenced, and its inventor the physicist Robert J. Oppenheimer, whose opposition to the use of his discovery would lead to his persecution in the United States as a Communist sympathizer.

Not only does this mural present a linear and concise history of what can be described as Chilean medicine, but it also and above all suggests the universal necessity of political and social wellbeing. What remains the same at every latitude and in every historical paradigm of the world is in fact the desire, the

35 search, the need for care as an act of individual and social survival. What is, in fact, the main purpose of medicine, as science or as ritual, if not care and cure? These terms both have their etymological root in the Latin words *cura:* on the one hand *cura* signifies being concerned about someone or something, paying attention to the other, empathizing, but at the same time it has the meaning of custody and supervision, of an inexorable control. This duality is typical of premodern Hippocratic medicine—in ancient Greek the word *pharmakon* means at once remedy, medicine, and poison. So there is a fine line separating curing from getting sick and with the development of contemporary science it has become increasingly labile. In his book *Medical Nemesis: The Expropriation of Health*, the philosopher and writer Ivan Illich gives three reasons why modern medicine not only is no longer concerned with curing people, but even breaks its own rules by creating new ills: "it must produce clinical damages which outweigh its potential benefits; it cannot but obscure the political conditions which render society unhealthy; and it tends to expropriate the power of the individual to heal himself and to shape his or her environment."[3] The expropriation of which the author speaks is part of a biopolitical interpretation of medicine proper to the continental philosophy of the 20th century, and in particular to Michel Foucault, who with his research into hysteria, sexuality, and the panopticon had already pointed out the indissoluble correlation between physical body, social body, and body politic.

Hygiene can be regarded as a crucial stage in this process of expropriation of the power of the individual. Born as a medical science at the end of the 19th century, it was developed throughout the 20th with the main aim of preventing disease through control of the body and its surroundings. This important process of monitoring the causes of illness has at the same time come to jeopardize human relations, owing to the fact that any contact between bodies may lead to a possible transmission of disease. Thus the community can become a threat to the individual, who tends as a consequence to adhere to a logic of autonomous survival, of progressive social isolation. The process of sanitization has paradoxically resulted in a growing need for individualism. There is an extra-scientific collective aspect that is neglected in the name of an individual, functional

3   Ivan Illich, *Medical Nemesis: The Expropriation of Health* (London: Marion Boyars, 1975), 13.

36   health, which Giorgio Agamben polemically refers to as "bare life." The medical model that is based solely on the individual and not on social relations sees treatment as nothing but a means for the survival or optimization of that individual, but ancestral practices in Chile—or in Italy for that matter—could not disregard community relations as an essential way of trying to reestablish the wellbeing, in the complete sense, of a person. The condition of trust and collective belief in these practices is an integral part of the healing process. There is no treatment without a community, as the philosopher Roberto Esposito declares in his book *Immunitas: The Protection and Negation of Life*,[4] where at the center of the discussion we find precisely the concept of immunity as a consequence of collective treatment.

In similar fashion, art and curation cannot exist independently, but require a close community relationship that is too often neglected. The work of art functions like an organic body and is subjected to the same logic of sanitization as in contemporary medicine: in spite of the fact that its very existence depends on the artistic community and its internal rules, which determine its significance, the tendency is toward autonomy, to an independence of the place of production or its curatorial contextualization, as a unique and absolute object. However, it is a work of art only if it is collectively recognized as such by the *art world*.[5] Otherwise it is just an object or an image like any other, in the same way as the body of each one of us, as a physical entity isolated from the world, is just "bare life." The relationship between the artist and all the figures who play a part in the staging of an exhibition or the creation of a work is essential to its genesis.

Even more than scientific research, therefore, *cura*, in the sense of caring, curing and curating, has become the principal key to the interpretation of Francesco Bertocco's project: that of the political contingency of a country which wants to be healed of the deep historical wounds inflicted by the dictatorship; of the virus that has suspended and canceled all "normality," placing the politics of the body at the center of world debate; of curat-

4   Roberto Esposito, *Immunitas: protezione e negazione della vita* (Turin: Einaudi, 2002). English ed., *Immunitas: The Protection and Negation of Life*, trans. Timothy Campbell (Redwood City, CA: Stanford University Press, 2004).

5   Arthur Danto "The Artworld," *The Journal of Philosophy* 61, no. 19 (1964): 571-84.

37 ing as a form of medicalization of art, in the ambivalent sense of this practice—just as the curing and medicine itself are ambivalent—which presupposes a structural contribution to the genesis, dissemination and contextualization of the work but at the same time a process of "sanitization" and control.

Francesco Bertocco's analysis of the history of Chilean medicine places the emphasis precisely on this passage from collective care to individual salvation, something common to many areas of today's society and linked to a process of historicization that is still under way. The title of the project, *Historia*, while not mentioning the theme directly, makes reference to a necessary temporality linked to curing as a process of healing: an enduring anteriority, a problematic contingency, an uncertain evolution. Medicine as science is based on an essentially historical process that is open to multiple variations and does not permit certain conclusions.

The act of historicization is itself part of the curator's work through which the artwork gives up its autonomous status and, by means of an intervention of contextualization in space and time, opens itself to different, unpredictable meanings. History therefore as process, as an uncertain and ambivalent form of "medicalization," is an integral part not just of the artistic research behind this project but also of the very possibility of its realization, precisely owing to the current impossibility of any prediction.

A work of art is not an isolated event, a fruit of genius that suddenly comes into existence, but the product of an often collective process that is based on exchanges and fractures, reconsiderations and decisions, a before and an after. Thus every aspect of this work refers to the awareness of being part of a single process. Even the medium of the video, used by the artist in all his works, alludes to research into time and its significance. It could be said that the title of this project sums up, in a way, all of Francesco's previous works, as if it were an intuitive acknowledgment of this structural relationship between history and science. His research into psychology, affections, the problematic interaction between the human, intimate facet, and the aseptic, functional coldness of contemporary science are all aspects of the earlier works that refer in a direct or indirect way to the concept of care and its historicity, developed on the basis of constant oppositions.

There is no greater distance, not just geographically but also culturally, than the one between Milan and Santiago, and Francesco's gaze, at once analytical and poetic, reflects these insoluble differences that are only in apparent contradiction with one another. It is when these dualities are combined that it becomes

38 possible to arrive at a synthesis, at an impure syncretism. Perhaps it was just this wide gulf of difference that prompted Francesco to seek a line of continuity in his research in Chile, revealing in the history of medicine in this country the distinct mark left by the West, but also uncovering a trace of its original cultures that have been threatened with extinction for centuries or, in contrast, idealized but marginalized as folklore.

Like all artistic projects, or at least the vast majority of independent ones, the beginnings were characterized by self-management and solidarity: long existential discussions, worries over the possibility of obtaining funding, the sharing of suggestions about literature for research, changes of mind, failed attempts and the determination to go to the other side of the world to observe, understand and question. Francesco came to my home in Santiago on a journey of exploration and discovery and through this enjoyable sharing of daily life we became friends. It was through these feelings and our collaboration that the work took shape: the trip to La Tirana, a desert town in the north of Chile, with the local curator Rodolfo Andaur, who works in the region on the border with Bolivia, to look for traces of Yatiri culture and the influence of multiple waves of migrants, including some from Italy, attracted by the trade in saltpeter; the coproduction of part of the work with the documentary filmmaker Tiziana Panizza; the willingness of the researchers at the Museum of Chemistry and Pharmacy to write for this publication and give us access to their precious library and its scientific papers from the colonial period.

History and its narration, rooted in everyday life and human interactions, have become an integral part of the work, as have care and curation—i.e. a methodology for the reorganization of an uncertain present and an unimaginable future. The history of medicine in Chile—but the same could be said for the West as well—is nothing but an attempt to sanitize, catalogue, and define popular practices of healing.

In this case the duality between science and ancestral knowledge is presented as a form of opposition that in modern medical culture has been resolved through the seclusion of one of the two parts. Yet this aseptic scientific approach of exclusion is of fairly recent origin, dating in Latin America to the postcolonial period and in Europe to that of positivism, at the end of the 19th century. It is surprising in fact to see how in the documents of the colonial period consulted by Francesco, herbals finely drafted and compiled by Dominican missionaries and dating from the 16th and 17th centuries, descriptions of the properties of native plants utilized by the indigenous populations for medicinal purposes were always present. So in early colonial modernity there was a greater degree of curiosity about the other and of openness to cultural contamination; a phenomenon that favored syncretism—as for example in the Andean baroque, or the popular festival of La Tirana in Northern Chile, where elements of Catholicism like the celebration of Our Lady of Mount Carmel are mixed with the folk traditions of the Andean carnivals. Nowadays, this syncretism has been progressively abandoned in favor of an emphasis on cultural differences, as a form of visibility and control; differences that are accepted only through a system of coexistences, i.e. of irreconcilable differences.

Thus syncretism, as a form of mediation and surmounting of oppositions in an open and unpredictable synthesis, seems to be not just a cultural paradigm but also a political and social one, positing the contamination of things but not their subordination. So in Francesco's research into medicine and medical cure there is not the idea of a teleological overcoming of the problems, of physical and social malaise, but that of a form of necessary coexistence of different cultural paradigms and approaches to critical situations. Syncretism, as methodology and form of adaptation to adversity or to historical opportunities, was reformulated in 2016 by the biologist and philosopher Donna Haraway in her book *Staying with the Trouble: Making Kin in the Chthulucene*.[6] Haraway's thesis is that of *sympoiesis* ("making with"), a form of adaptive hybridization that is not based on Darwinian individualistic competition but on the capacity to live with problems in a community manner, without making them invisible or trying to eliminate them in the name of a presumed normality, but instead creating kin: connections, hybridizations, forms of survival that continually question themselves without excluding any of the parts.

Hence the story of this last year, but not of that alone, can be viewed in the light of the need to abandon any teleological tendency, any idea of surmounting, of normality, of elimination of problems, in favor of new syncretic forms of existence that are community based, collaborative, and less competitive.

Santiago, Chile
January 20, 2021

HISTORIA. HISTORY OF HEALTH CARE AND
THE MEDICALIZATION OF ART

6   Donna Haraway, *Staying with the Trouble: Making Kin in the Chthulucene* (Durham, NC: Duke University Press, 2016).

NOTE SU PISAGUA[1]
(19°36'S 70°13'W)

I   A un centinaio di chilometri a nord di Iquique, dopo circa due-cento attraverso il deserto di Atacama, la terra più arida del pianeta, subito oltre le montagne che lo separano dalla costa pacifica, si trova Pisagua, un porto semi-abbandonato, situato nel lato più estremo della provincia di Tarapacà (chiamata *I Región* dai tempi dell'amministrazione militare).

> [...]
> El pobre en el mundo
> Está expuesto a las dolencias
> Y al gran martirio profundo.
> Por un convoy desrielado,
> Un niño fue destrozado
> Daba pena y compasión...
> El cuerpo quedó en fragmentos
> En ese instante fatal.
> [...]
>
> *C.A.E.*[2]

Quella sera Estanislao Alejandro Harrera, addetto alla manutenzione dei binari della ferrovia, abitante nella casa rossa alla fine della Calle de Chipana, poco più che un ragazzo, esile, con le spalle strette, una cicatrice larga come una moneta che gli disegnava il volto poco sopra lo zigomo destro, si rivolse al medico, il dottor Valentino Osandon, la mano stretta alla sua fin quasi all'altezza del polso, chiedendogli se potesse bendargli gli occhi durante l'amputazione della gamba destra. L'ultima parola, "occhi", si percepì appena. Il cloroformio fece il suo effetto rapidamente, la testa di Estanislao si fermò sul cuscino rivolta verso il corridoio.
Don Osandon si prese cura del suo paziente: lo fece bendare dall'infermiera con una garza e procedette ad amputargli la gamba destra. Si rese conto che anche la sinistra era stata compromessa dall'incidente.

Aspettò un paio d'ore, rinforzò l'effetto dell'anestesia e il rapporto tra Estanislao e il suolo che lo aveva sempre ospitato mutò irreversibilmente.[3]

F. BERTOCCO

2 "Il povero del mondo / È esposto alle malattie / E al martirio più profondo. / Per un convoglio deragliato, / Un bambino fu spezzato / Faceva pena e compassione... / Il corpo rimase in frantumi / In quell'istante fatale". *El Pueblo de Pisagua*, 24 ottobre 1905, n. pag. Se non diversamente specificato, i testi originali resi qui in italiano sono curati dall'autore.

3 *El Pueblo de Pisagua*, 5 settembre 1908, n. pag.

DISCORSO INAUGURALE DELL'OSPEDALE DI PISAGUA – SEÑOR CÉSAR J. MUÑOZ LLOSA (MEMBRO DELLA GIUNTA DI BENEFICENZA)

> [...]
> Reyes, papas, generales.
> Señores de horca y cuchilla
> Fueron azotes del pueblo
> Engendros de la crueldad;
> Ayer tuvieron la hoguera,
> Hoy la metralla infernal
> [...]
>
> *Juan Rafael Allende*[4]

Impalati e ritti come assi di uno steccato, una fila di persone assisteva all'inizio della cerimonia: ecco i pompieri, sprofondati nelle loro divise, lucide e deferenti; i professori della scuola elementare, alcuni provenienti da Alto Hospitio e da Iquique, emissari di quel poco di cultura istituzionale che si era diffusa nella pampa, subito preceduti da una schiera di studenti affaticati dal calore della tarda mattinata. Tutti insieme proiettavano un'ombra lunga e seghettata, che pareva un fossato denso e impenetrabile, oltre le loro spalle. A puntellare i lati del palco provvisorio vi erano il governatore Don Luis Vieto, il dottor César Quintana, il Signor Santiago Humberstone, seguiti dalle loro infaticabili mogli, le quali si scambiavano sguardi d'intesa tra quella sparuta folla in Plazuela Ecuador. Un ospedale nuovo era un cambiamento forte nella pampa, attraversava anche i paesi vicini e, soprattutto, era una conquista della *junta* e del suo zelante operato.

All'improvviso, tutti si girarono verso il rappresentante della Beneficenza di Pisagua, Don Prieto Zentreno, che aveva il compito di consegnare le chiavi all'Amministratore del futuro ospedale. Attirò l'attenzione su di sé, isolandosi sul palco dai suoi accompagnatori, in attesa di avere lo spazio, e il tempo, per pronunciare il suo discorso.

NOTE SU PISAGUA

4   "Re, Papi, Generali / Signori della forca e della lama / Furono flagelli del popolo / Informi della crudeltà; / Ieri hanno avuto il fuoco, / Oggi un frammento dell'Inferno". *El Pueblo de Pisagua*, 25 luglio 1901, n. pag.

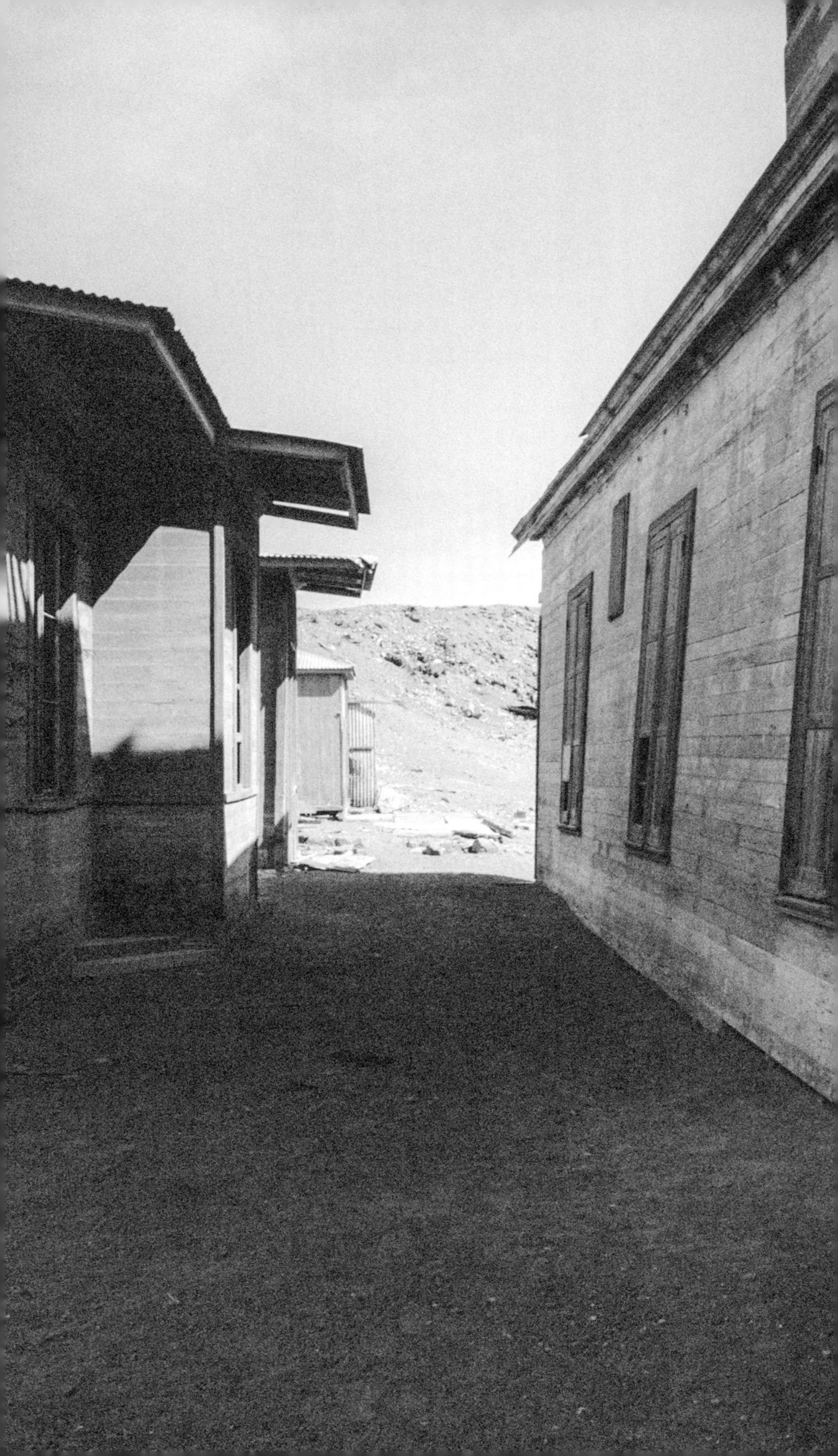

"Ecco, Sig. Amministratore, il magnifico nuovo ospedale che la Beneficenza di Pisagua mi incarica di consegnare a Voi, durante questa solenne inaugurazione. Ha dei cortili fantastici e soleggiati, corridoi ampi e ombrosi, piccoli giardini, stanze confortevoli, un oratorio delizioso, un padiglione chirurgico sul cui tavolo operatorio un bisturi, accurato e intelligentemente manovrato, potrà produrre i più grandi prodigi, ampie sale arieggiate, nelle quali il respiro vitale della Natura arriverà a sostenere gli sforzi dell'uomo, per restituire la salute persa ai malati che questo ospedale prenderà in cura.

Con questo lavoro, l'Onorevole Consiglio ha conseguito uno dei suoi scopi più cari e ambiti, soddisfatto le sue più nobili aspirazioni. Esso si compiace profondamente ad inaugurare questo importante edificio, che si distingue per il suo aggraziato portamento di fronte al mare, rivolto alla pittoresca architettura della città. Lei ha perfettamente compreso, Sig. Amministratore, gli sforzi di questa Istituzione per concludere e realizzare il prima possibile questo edificio; poiché quest'altro che è stato appena abbandonato, a causa del suo stato fatiscente e le sue improprie condizioni igieniche, era un vero e proprio discredito per una popolazione civilizzata come la nostra, evidente declino nell'avanzata generale del secolo, e oggetto irrispettoso nei riguardi dell'Europeo che per la prima volta calpestò il suolo americano.

Da oggi questo non accadrà più; bensì, al contrario, il nuovo ospedale costituisce un titolo di evidente progresso per il porto, dando occasione a quel seme caritatevole che giace all'interno dell'anima cristiana di schiudersi pienamente alla luce del giorno, sotto questo glorioso sole di settembre, tra i fiori dei campi e il patriottismo nel cuore. In particolare, è per il vostro sentimento di filantropia, distinte Signore e stimati Signori, che si è potuto assistere all'inaugurazione di quest'opera. Che campo meraviglioso, quello di poter far del bene!

Venga qui l'uomo ricco, venga qui la donna di cuore e versate, a piene mani, uno il suo denaro, l'altra la sua tenerezza materna; e così, facendo una carità degna e silenziosa per il povero, otterrete entrambi le lacrime più pure della gratitudine umana…

Le consegno, dunque, devoto Sig. Amministratore, questo nuovo edificio; e la Beneficenza di Pisagua, confidando nella Sua guida attenta e abile, nell'indiscutibile competenza della professione medica e nella cooperazione attiva di tutto il personale, spera e desidera solamente uno splendido futuro per questo ospedale, inaugurato nel mentre dei tempi amari che stiamo attraversando, il quale apre le sue due sale comuni come fossero le braccia di un Cristo che trasporta sulle sue mani il balsamo riparatore della sofferenza e della miseria."[5]

Alla chiusura del discorso seguì un breve applauso, il cui crepitio fu avvertito solo se a distanza ravvicinata, a fatica. Difficile fu, inoltre, udire le parole del parroco Ruiz, che parvero per lo più confondersi con l'attacco iniziale del discorso dell'Amministratore. Alla *junta* nella sua interezza erano destinate le parole lusinghiere dell'amministratore. Nonostante l'intenzione di essere compreso oltre ogni dubbio, con la forza della gratitudine e la risolutezza di chi avrebbe fatto ogni cosa per evidenziare in ciascun suo passo riconoscenza e sottomissione, le sue parole giunsero rarefatte, diluite nella vastità degli spazi che si allargavano davanti a Pisagua, dal porto verso il mare, e dietro, in direzione della pampa, attraverso la catena rocciosa che la divide dalla città. Presto i discorsi terminarono e le famiglie più stimate si diressero verso la mensa temporanea preparata per gli infermi, i quali avevano assistito alla cerimonia in doveroso silenzio, non riuscendo ad alienarsi dallo sguardo rigido e perentorio che li voleva circoscritti nella loro miseria, in attesa che si aprisse per loro il corridoio, di virtù e di filantropia, che li avrebbe portati, all'uscita, verso quel pranzo.
Nel frattempo, la banda iniziò a eseguire i migliori brani del loro repertorio.

VISIONE DELLA MALATTIA E IL SALUTO AL TEMPO DELLA PESTE

> [...]
> ¿Qué es la vida? Solo un sueño
> ¿Qué es el hombre? Sólo un átomo? ¿Qué es la inmensa creación?

F. BERTOCCO

Es miseria, nada más
¿Y la gloria? Fuego fatuo,
Engañosa luz que brilla.
La terrible realidad.
[...]

Agustín Ortúzar González[6]

I dati riguardanti l'epidemia di peste bubbonica che ha colpito Pisagua durante il 1905 sono i seguenti:[7]

91 casi accertati, 77 dei quali portati al lazzaretto, 14 rimasti tra la popolazione; 28 i morti tra quelli ricoverati, 10 morti tra quelli rimasti tra la popolazione; 14 dimessi dal lazzaretto; 10 ancora in ricovero.

Appena nominato dalla Beneficenza di Pisagua Amministratore del Cimitero,[8] durante l'assemblea per decretare la costruzione del nuovo ospedale di Pisagua, Don Pedro N. Bausuare si trattenne a discutere con uno dei membri della *junta*, polemizzando intorno al ritardo, ben poco spiegabile, di questa sua nomina, già definita mesi prima da accordi che, a detta sua, si sarebbero dovuti solo formalizzare alla prima occasione d'incontro ufficiale (avvenuta due mesi prima, durante la seconda assemblea del nuovo anno). La gestione del cimitero era in discussione già un anno prima dell'epidemia. Il precedente amministratore, Don Romillo Torre-alba, si era trasferito ad Alto Hospicio in poco tempo, portandosi dietro la moglie e il piccolo figlio Juan, poliomielitico.
Il terreno del cimitero era a tre chilometri a nord da dove sarebbe sorto il nuovo ospedale, sviluppandosi in un'area di deserto tra la scogliera e i piedi della collina, circondato da una staccionata in legno che ne abbozzava il perimetro. Era la prima cosa che si vedeva dai treni merci carichi di nitrato, provenienti da Iquique, che dal deserto scendevano fino al porto di Pisagua. La questione su cui Don Pedro N. Bausuare rifletteva – una delle priorità che lo

6   "Che cos'è la vita? Solo un sogno / Che cos'è l'uomo? Solo un atomo / Che così la Creazione? / Solo miseria, nulla di più / E la gloria? Fuoco fatuo, / Ingannevole luce che brilla. / La terribile realtà". *El Pueblo de Pisagua*, 22 ottobre 1910, n. pag.
7   *El Pueblo de Pisagua*, 11 aprile 1905, n. pag.
8   I cui membri sono Jorge Ganeton, Francisco Rielta, Gustavo Prieto Zenteno e Carlos Cossono.

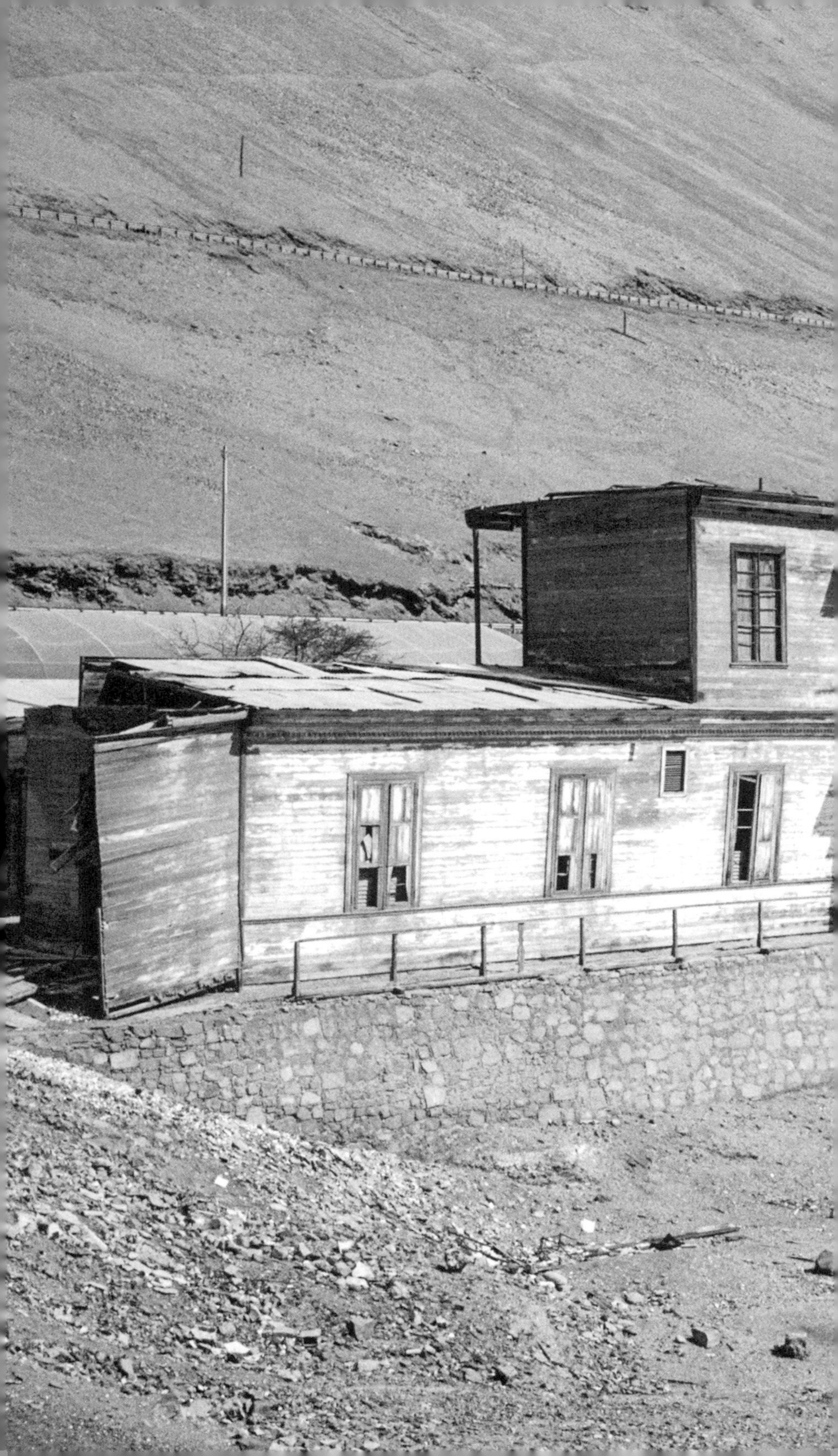

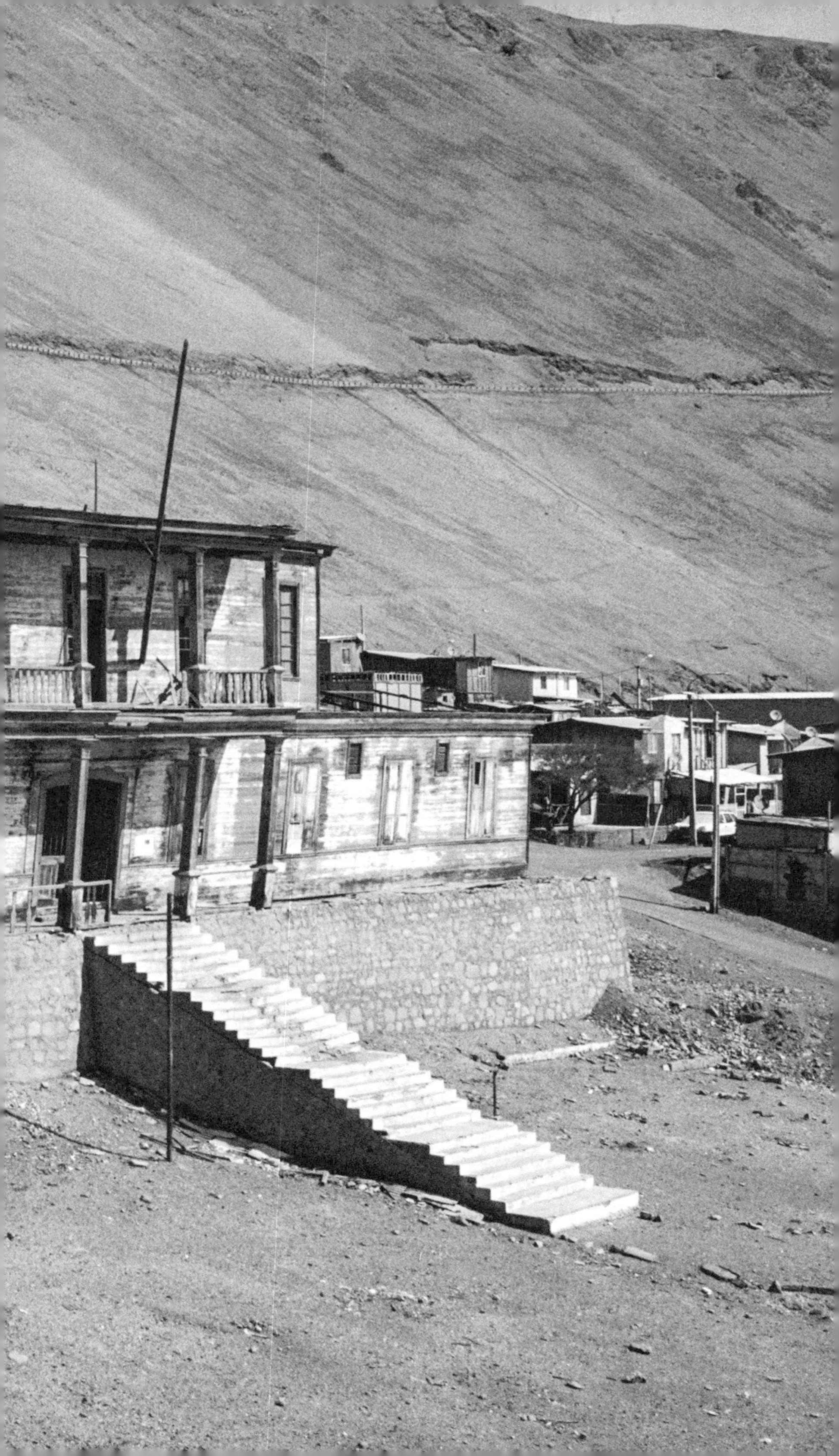

avevano mosso nelle decisione di diventare amministratore – era la posizione del lazzaretto a sud del cimitero, da rivedere secondo lui, in quanto troppo vicino a una delle due strade che davano l'accesso a Pisagua; lo avrebbe spostato più a nord-ovest, vicino alle rotaie, un luogo più facile da raggiungere, ma meglio isolato.

Il lazzaretto di Pisagua era una struttura di legno in grado di ospitare fino a un centinaio di malati (nel momento di massima diffusione della peste, nel marzo del 1905, i malati erano 150), divisa in due aree, con i rispettivi accessi che separavano le donne dagli uomini. I due padiglioni si presentavano come un ambiente unico, spoglio, puntellato da travi portanti poste a pochi metri le une dalle altre a reggere il soffitto. Era piatto e rinforzato da un perimetro di puntoni, distribuiti lungo i margini e in diagonale, le cui commessure erano bloccate con dei chiodi di ferro. I muri laterali seguivano la stessa struttura del soffitto. Il pavimento, anch'esso in legno, era realizzato con assi lunghe quanto la grandezza del padiglione, distanziate le une dalle altre di pochi millimetri. I letti – scarne brandine, realizzate con un rudimentale telaio di legno – erano distribuiti intorno alle pareti, disposti per il lungo. Accanto a ciascun letto, rivolto verso l'interno della stanza, vi era il pitale, che veniva svuotato due volte al giorno dai collaboratori del dottor Cossaro.
Non c'era nessuna divisione tra i malati dello stesso padiglione. I letti, così vicini, rendevano il contagio la più frequente interazione tra i ricoverati del lazzaretto. In questo affastellarsi di letti e di corpi, l'unico modo per distinguere un malato dall'altro era un piccolo numero dipinto sulle pareti in corrispondenza di ogni brandina; era un elenco che si aggiornava in continuazione, o attraverso la guarigione o per via della morte.

Una parte, più esterna, era dedicata ai convalescenti in via di guarigione e dimessi il più rapidamente possibile – lo spazio era poco e ancora meno il personale. Due carrozze facevano la spola tra Pisagua e il lazzaretto, una per portare viveri e l'altra per trasportare malati e moribondi. All'esterno del lazzaretto vi era un patio, un telo largo circa otto metri e lungo una ventina che correva lungo tutto il lato a sud della struttura, le cui estremità erano sollevate da tre paletti in legno dell'altezza delle pareti, a loro volta sostenuti da funi fissate nel terreno con dei ganci, una decina di metri in avanti.
Il tutto avveniva sotto la guida del dottor Cossaro, giunto da Arica l'anno prima, e del suo personale di infermieri e alcuni volontari – molti provenivano dal vecchio ospedale e sarebbero

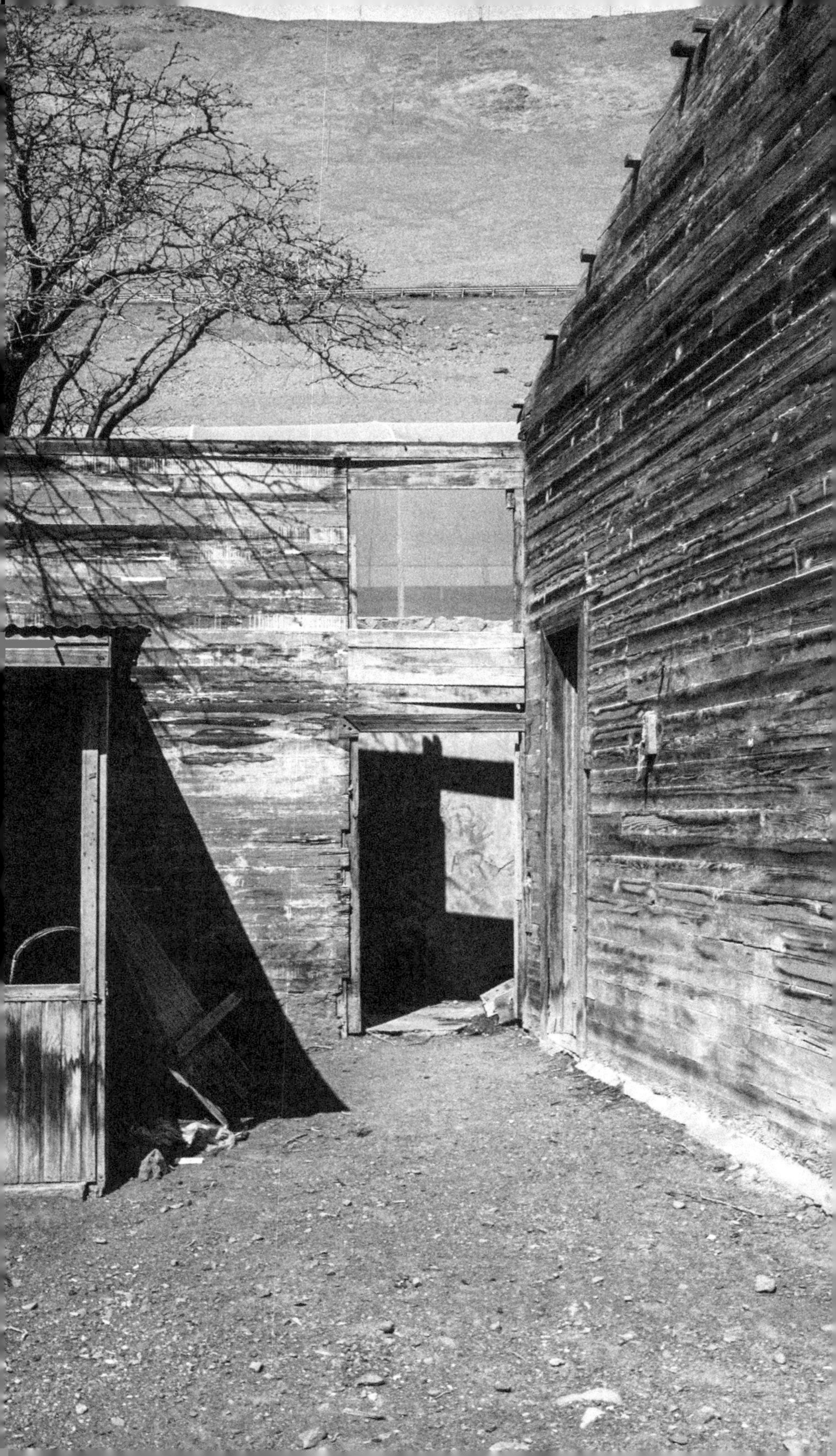

confluiti, quattro anni dopo, in quello nuovo, compreso lo stesso dottor Cossaro.

Proprio mentre presidiava alla nuova assemblea della *junta*, in qualità di nuovo amministratore del cimitero, Don Bausuare apprese che il dottor Cossaro aveva appena accertato un nuovo caso di peste a Pisagua: Ignacio Pinto, servitore di Don Carlos Gierke, conoscente di Don Bausuare.

"In tempi di epidemia si deve essere molto parchi nel dare la mano in caso di saluto; è benvenuto il saluto militare."[9]

DANZA DE LA MUERTE

> [...]
> Muere un rico en su palacio
> Y la prensa, en general
> Dice...
> ... duelo nacional
> Muere una madre en su choza
> Y su prole que solloza
> Y a un tigre el alma destroza
> Queda huérfana en el mundo.
>
> Juan Rafael Allende[10]

Il suono debole e malinconico che si diffondeva nella camera proveniva da due figure esili, sedute appena oltre la porta, alla distanza consueta del pudore, con le gambe ripiegate verso l'interno, la schiena in avanti, le mani poggiate sulle cosce, e il viso rivolto al tavolo biancastro del malato. Piangevano delicatamente, interrompendosi, per poi ricominciare subito dopo. Erano chiamate *planideras* o, in alcune famiglie, anche *llorona*. Si sedevano tra i parenti del malato, ai margini delle camere, e piangevano per le famiglie mentre queste pregavano che la guarigione sopraggiungesse e che *danza de la muerte* non li attraversasse.

F. BERTOCCO

9   *El Pueblo de Pisagua*, 8 aprile 1905, n. pag.
10   "Muore un ricco nel suo palazzo / E la stampa, in generale / Dice... / ... lutto nazionale / Muore una madre nella sua capanna / E la prole singhiozza / E per una tigre l'anima distrutta / È rimasta orfana nel mondo". *El Pueblo de Pisagua*, 12 luglio 1901, n. pag.

La vedova Camila de Zegarra, che viveva presso la ferrovia, ha contratto la peste bubbonica giorni addietro: né il governo né la polizia erano a conoscenza del fatto. È morta giovedì a mezzogiorno.

Nella notte i suoi amici più stretti vegliarono il suo corpo. Venerdì pomeriggio, la salma fu portata al cimitero da un corteo di venti persone.

Se l'estinta è morta realmente di peste bubbonica, è molto probabile che coloro che hanno assistito alla veglia funebre abbiano contratto tale malattia e, se non si presentano immediatamente dal medico, la loro morte sarà inevitabile. Così la peste, invece di essere isolata ed estinguersi definitivamente, si diffonderà allo stesso modo di come è accaduto la prima volta che è apparsa a Pisagua."[11]

EPIFANIA DELLO STRANIERO DELLA CAMANCHACA

> [...]
> Desgraciado, desgraciado
> Es sin duda el proletario
> Que aquí viene entusiasmado
> Y sucumbe en el Calvario
> Llega a la pampa el obrero
> Y después triste lamento
> ¡Halla acá su carcelero!
> Trabaja con noble anhelo
> Por conseguir su sustento.
> Muere en el hospital, hambriento. Esa es vida de roto.
> Muere, o queda en la orfandad
> [...]
>
> *Lorito Ramírez*[12]

NOTE SU PISAGUA

11   *El Pueblo di Pisagua*, 22 marzo 1911, n. pag.
12   "Disgraziato, disgraziato / È senza dubbio il proletario / Che viene qui entusiasta / E soccombe nel Calvario / Arriva alla pampa il lavoratore / E con così triste rimpianto / Trova qui il suo carceriere! / Lavora con nobile desiderio / Per raggiungere

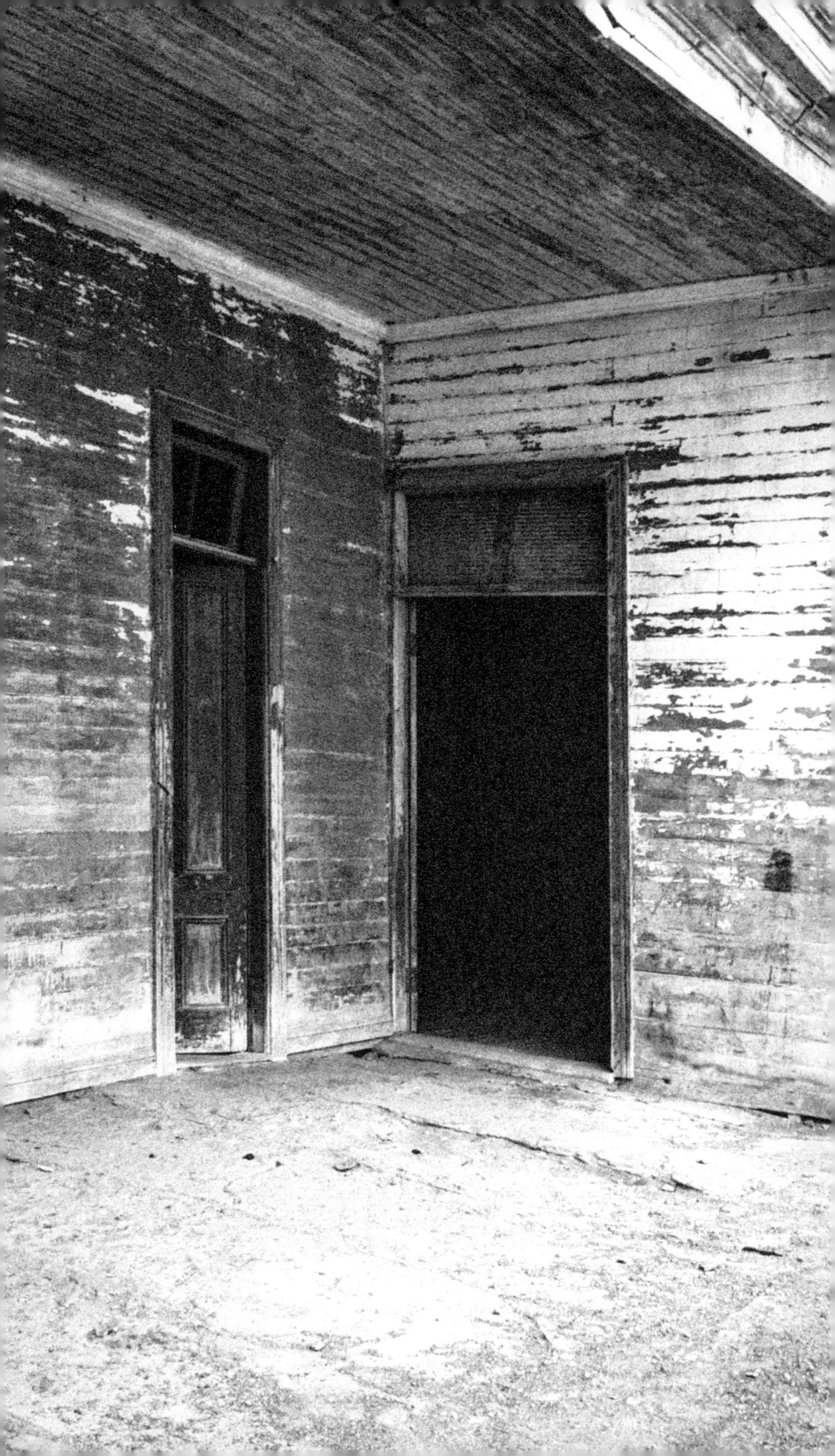

Il reparto degli uomini era lungo abbastanza da ospitare otto letti per lato, dodici metri da porta a porta. A fianco di ciascun letto vi era una credenza in legno, dipinta di smalto bianco, sopra il quale le infermiere poggiavano i pochi oggetti del lavoro quotidiano: la cartella clinica, una brocca per l'acqua, un bicchiere in latta. Uno dei cassetti conteneva una copia della Bibbia, della carta da lettere e un pennino con dell'inchiostro nero in boccetta; l'altro, invece, i pochi averi che i *pamperos*[13] portavano con sé, come una o due fotografie, una catena dorata, dei ritagli di giornale, un'icona della Reina del Tamarugal. L'intera stanza era arredata da quattro lampade, rivestite di stoffa, sorrette ciascuna da una corda, fissata alla parete con un chiodo. Sopra la porta che dava sull'esterno, verso l'ingresso del cortile, vi era un lucernario composto da tre vetrate quadrate, di circa cinquanta centimetri per lato, stretto e lungo, coperto da una tenda grigio-verde che occupava quasi tutta la superficie del vetro, avanzando di pochi centimetri in basso, all'altezza della porta. La luce entrava da due sole finestre poste sulla parete esterna, rivolta anch'essa al cortile; sono alte, quasi a filo col soffitto, costruite in legno e ad apertura verticale, la cui parte inferiore era ricoperta da una sottile tenda bianca, che diffondeva la luce sui letti.

Sdraiato sul fianco, con una camicia bianca e dei pantaloni neri, l'infermo sembrava completamente immobile, se non per un fievole movimento delle coperte, all'altezza della cassa toracica.

"Al ritirarsi della *camanchaca*,[14] poco sopra la Chipana, in un attraversamento di terra, roccia e sabbia, il corpo dello straniero apparve come un presagio". Con queste parole il dottor

NOTE SU PISAGUA

il suo sostentamento. / Muore in ospedale, affamato. La vita si interrompe. / Muori, o rimani all'orfanotrofio". *El Pueblo di Pisagua*, 28 ottobre 1902, n. pag.

13 Gli abitanti del deserto.

14 Banchi di nubi che si formano sulla costa cilena, dall'autunno alla primavera, e scompaiono ogni mattina quando il sole del deserto fa evaporare l'umidità. In questa regione, la *camanchaca* appare nelle memorie dei *pamperos*; memorie di guerra e scorribande, "uccidere con la *camanchaca*"; elusività, "se ne andò con la *camanchaca*"; resoconti di ciò che è avvenuto e dimenticato nel tempo, "cose fatte durante la *camanchaca*".

56 Guillermo Ossa, emerito membro della giunta e indefesso massone, accennò alla storia dello straniero o, più che altro, a quella del suo ritrovamento, così singolare e inafferrabile. Si era certi del lavoro che svolgesse. Gli abiti con cui fu trovato erano quelli dell'*obreros del salitre*:[15] un cappello a tesa larga, simile a quello dei *campesinos*; la giacca e i pantaloni consunti, color ocra, le maniche larghe e riavvolte agli estremi; il laccio solito a legare la giacca all'altezza della vita era strappato in un punto; l'orlo dei pantaloni sfilacciato, dritto e a filo con le caviglie; la camicia era allacciata fin quasi alla gola; intorno al collo un fazzoletto di stoffa stretto sopra la bocca; il bavero della giacca era largo abbastanza da essere come una seconda pelle, a proteggere dall'aridità estrema del sole della pampa.

Fu scoperto gettato in avanti, inerme, adagiato all'ombra di un *tamarugo*, come a riposare – probabilmente il segno di un'ultima cortesia. "Grave", disse il dottor Guillermo che lo prese in cura, "estremamente disidratato, un caso di afasia, forse un isterico". Il calore esasperato della pampa è in grado di trasformare, fin tanto da rendere irriconoscibile.

Una mattina, alcuni giorni dopo il suo ritrovamento, l'infermiera di turno trovò il letto che ospitava lo straniero della *camanchaca* vuoto, le coperte tirate su fino a coprire il cuscino, quasi un gesto di riconoscenza per l'ospitalità ricevuta.
"Se fue con la camanchaca",[16] disse, guardando verso una delle finestre della stanza.

TEATRO DEI LAVORATORI E IL KITSON MEYER;
LA CAMERA E L'ISOLAMENTO

> [...]
> Clamando contra el infierno
> de la explotación mezquina
> más salvaje y asesino
> el obrero ante el gobierno
> reclamó contra su ruina,
> y éste los mató en montón
> con más saña que una fiera, probándoles que es tontera

F. BERTOCCO

15   Operario del salnitro.
16   "Se ne andò con la *camanchaca*".

ampararse en la razón.

[...]

Alejandro Escobar y Carvallo[17]

Dalla balconata del Teatro Municipal si affacciò ritto come un ufficiale, con il viso rivolto verso l'esigua folla radunata all'ingresso del teatro, l'avvocato Serafin Soto, il cui studio e abitazione si trovava al numero 5, all'interno dell'edificio giallo in Calle Camilo Henriquez. Come membro stimabile della *junta,* il suo compito in quelle occasioni era di introdurre le attività che si sarebbero svolte quel pomeriggio e quella sera all'interno del teatro.

"En la tarde:

1. Marcha – Angames
2. Fantasia – Orijinal
3. Vals – Claro de luna
4. Bolero – Una noche de tertulia
5. Marcha militar

En la noche:

1. Marcha – Blanco Encalada
2. Fantasía de L'Ópera Lucia
3. Vals – Por mar y por tierra
4. Polka – Característiea
5. Vals – Fué sueño
6. Marcha militar"[18]

Le cinque porte dell'ingresso che davano direttamente sullo stretto foyer che separava la sala dall'esterno erano appena state aperte. Le persone entravano distrattamente, parlando e fermandosi dopo pochi passi, prima dell'inizio degli spettacoli. Gli stessi musicisti erano per lo più fuori dal palco, appoggiati agli strumenti, pronti a risalire e cominciare al segnale del

NOTE SÙ PISAGUA

17   "Gridando contro l'inferno / dello sfruttamento meschino / più selvaggio e assassino / il lavoratore di fronte al governo / rivendicò la sua rovina, / e questo li uccise tutti / con la ferocia di una bestia / mostrando la loro stupidità / a rifugiarsi nella ragione". *El Pueblo de Pisagua,* 21 dicembre 1909, n. pag.
18   *El Pueblo de Pisagua,* 1 agosto 1905, n. pag.

direttore d'orchestra. Dall'alto della sua postazione, stringendo le mani sul cornicione della balconata in pino dell'Oregon – materiale con cui era costruito la maggior parte dell'edificio, disegnato in quello stile neoclassico imperante durante l'epoca del salnitro – l'avvocato Soto si concentrava sullo scenario che aveva di fronte. Un po' per abitudine ma in parte a causa dei due elementi che, per insistenza dell'apparizione, l'uno, e con l'irrequietezza dell'incanto, l'altro, gli tenevano occupata l'attenzione: il *ferrocarril salitrero* Kitson Meyer, col numero "59" dipinto sulla locomotiva avvolta dal vapore, e la donna in abito carta da zucchero girata verso le rotaie, a pochi metri dal teatro.

Il Kitson Meyer, l'ultimo della giornata, trascinava una decina di vagoni merci color verde oliva, sopra i quali si affollavano, fin quasi a collassare, i sacchi di nitrato provenienti dalla *pampa salitrera*. Una lunga coda diretta verso il porto, dove il carico continuava il suo viaggio via mare. Pisagua è la stazione finale di una linea ferroviaria di 640 chilometri, composta da tratte principali e secondarie collegate a Iquique, il capolinea, che passano dal livello del mare fino all'altopiano interno, arrampicate tra le montagne rivolte alla costa pacifica. I rifornimenti per le città si trasportavano dalla costa e il nitrato di esportazione era il carico di ritorno.[19]

Nella navata centrale del teatro i posti erano distribuiti in due file che andavano restringendosi progressivamente verso il palco. Un corridoio vuoto, al centro, agevolava la distribuzione degli spettatori nella sala, i quali affluivano così al centro e ai due lati. Ai bordi del palco, costruito con lunghe e strette assi di pino rosso bruno, vi erano due balconate, in cui erano solite sostare durante gli spettacoli le personalità più rappresentative del paese. Il sindaco e la *junta* si sedevano qui, con le loro rispettive consorti e i loro figli. Il teatro era in stile neoclassico – pilastri, colonne, capitelli, balaustre, archi e frontoni triangolari. In alto, a coprire quasi la totalità del soffitto e in corrispondenza della navata centrale, vi era un oculo diviso in quattro parti e circondato da una superficie marmorizzata, dipinto su carta alla maniera di un trompe-l'oeil, coronato da una decorazione floreale

F. BERTOCCO

19 Il principale carico era costituito dal nitrato, ma anche dal carburante, dai passeggeri, pacchi, merce generica e bestiame. L'acqua per la locomotiva a vapore e la città proveniva da due pozzi a *Dolores*, a cinquantatré chilometri da Pisagua.

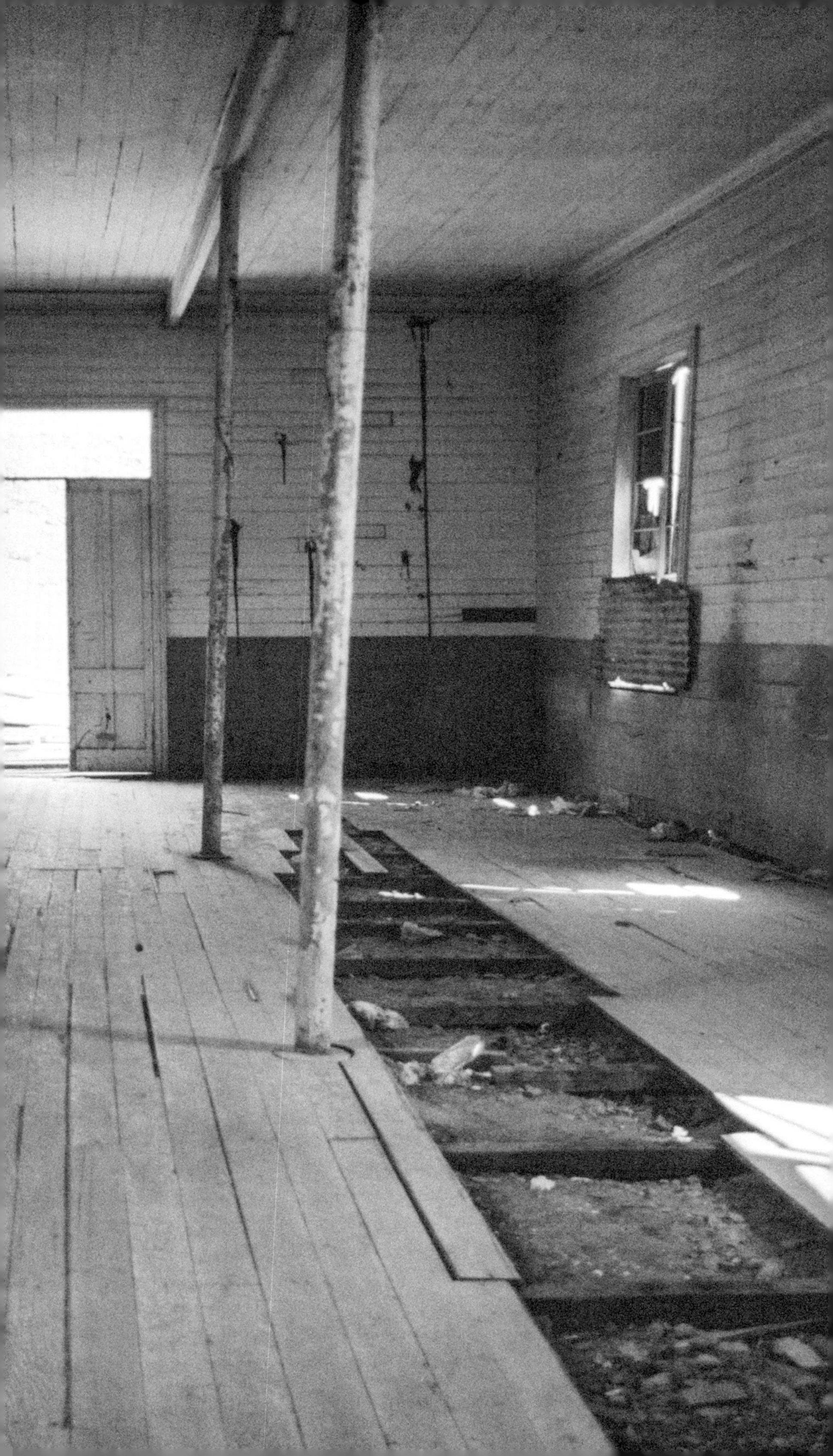

color verdone che ne delineava il perimetro. Ciascuno spicchio del tondo era diviso da colonne alla cui base era disegnata una lira dorata dal manico lungo e adorno, la sommità avvolta da un fiocco con un lungo nastro che scendeva, in un'estatica sospensione, ai margini della lira, senza mai toccarla. Le scene rappresentate avevano un tema unico, di carattere celestiale: putti e angeli danzavano tra di loro, reggendo maschere, spartiti, suonando strumenti a fiato, per poi scivolare euforici tra le nuvole. Al centro, racchiuso in un cerchio perfetto, vi era un lucernario aperto verso il cielo a trasformare quell'elementare artificio in un istante di realtà.

Quel giorno di festa al Teatro Municipal era l'ultimo prima del ricovero dell'avvocato Serafin Soto. Dal suo posto nel lazzaretto osservava l'operosità dell'infermiera e dei dottori Rivera e Rissa, i quali si muovevano da un letto all'altro e, con pochi gesti rapidi, segnati dall'abitudine, controllavano il progredire della malattia, la condizione delle lenzuola, nella maggior parte dei casi insudiciate da aloni scuri e usurati su quasi tutta la superficie.

Un altro ricordo emerse quell'ultimo giorno nella sua memoria: saliti i musicisti sul palco, una donna in prima fila cominciò a tossire violentemente. Tutti cominciarono a guardare verso la sua direzione, in silenzio. La donna si alzò di soprassalto con le mani alla bocca e il viso paonazzo, piegandosi in avanti a ogni colpo di tosse. Il marito le mise una mano al centro della schiena e la portò verso l'uscita. Uscita dal teatro, i musicisti iniziarono a suonare la prima *marcha*.

AGNIZIONE DEL BOLIVIANO

> [...]
> Pido venganza por la que vino
> de los obreros el pecho a abrir
> pido venganza por el pampini
> que alla en Iquique, supo morir.
>
> *Anónimo*[20]

F. BERTOCCO

20 "Chiedo vendetta per coloro che vennero / ad aprire il petto degli operai / Chiedo vendetta per il *pampino* / Che, là ad Iquique, imparò a morire". *El Pueblo de Pisagua*, 8 novembre 1906, n. pag.

Dalla roccia su cui sedevano i due *obreros*, la facciata dell'ospedale appariva nella sua forma più completa e si poteva notare, ben visibile da quella prospettiva, la lieve inclinazione del terreno su cui l'edificio era stato costruito. Assecondando quella pendenza del suolo, scendendo sempre di più verso il limite ultimo del piazzale, si giungeva a un violento strapiombo dal rumore sordo. Lì, l'acqua si dibatteva contro le rocce taglienti e frastagliate, creando formazioni di schiuma che ricadevano, ripidi, contro le rocce brune di quel lembo di costa rocciosa sul quale si affacciava, pochi metri in là, un piccolo molo.

L'accesso all'ospedale per i visitatori era permesso solo da una scalinata, posta al centro dell'edificio, lunga abbastanza da assorbire l'inclinazione del terreno. Era costruita in pietra, senza un corrimano che la cingesse ai lati, e attaccata direttamente al terrapieno che da solo sorreggeva l'intero ospedale. L'ospedale è diviso in due livelli. Il primo piano era lungo quanto l'intera facciata. Ai suoi lati si distribuiva, in modo equidistante, una decina di finestre. Una fila di quattro colonne in legno sorreggeva la balaustra del secondo piano, di una lunghezza dimezzata rispetto al primo, che era riservato alle visite private dei medici.

I due *obreros,* scendendo per un sentiero scavato nella roccia più dalla natura che dall'uomo, si trovarono all'altezza della scalinata. Uno di loro, il boliviano, aveva il braccio fasciato con una garza, annodata frettolosamente fin sopra la spalla. In corrispondenza della ferita sul braccio compariva un ampio alone marrone scuro, al cui centro si vedeva un cerchio, più ristretto, di sangue vivo. Il compagno, senza dire una parola, guardando fisso la ferita del boliviano, gli fece cenno con veemenza di muoversi verso la scalinata, premendogli la mano contro la schiena. Entrambi si mossero verso la scalinata, fin dentro il cortile dell'ospedale. Superato l'ingresso, protetti dall'ombra dell'androne, videro alle loro spalle l'orizzonte del mare che per un inganno ottico, dal punto in cui lo stavano osservando, riempiva completamente lo spazio esterno, facendo quasi sembrare l'intero edificio come sospeso sull'acqua, distaccato dall'infinito irrequieto e arido della pampa per avvicinarsi ad un altro infinito, più calmo e imperituro, il mare.

Il cortile dell'ospedale aveva una pianta rettangolare, al centro del quale spiccava ritta una palma, seccata dal sole e dal vento. Dal cortile si poteva vedere la parte esterna della cucina,

63	il vapore, le lenzuola appese; un piccolo padiglione esagonale nel quale i pazienti venivano accolti per una prima visita; e un edificio lungo quanto tutto l'ospedale in cui venivano ricoverati i pazienti in condizioni più gravi.
Un medico e un'infermiera erano fermi a parlare sotto l'ombra di un patio, un paziente in abito bianco si muoveva scomposto verso di loro. I due *obreros* si avvicinarono inosservati al padiglione esagonale e cercarono, attraverso i grandi vetri che lo ricoprivano, lo sguardo di una delle tre infermiere sedute all'interno. Furono subito notati e una di loro fece cenno con la mano di entrare.

Il boliviano non rispose alle domande rapide che gli fece l'infermiera, rimase con lo sguardo basso, a fissare il proprio braccio avvolto dalle garze. "È muto", disse l'altro. "Non le può rispondere. Si è ferito mentre scaricavano dei sacchi giù dal treno. La corda che reggeva il carico si è allentata all'improvviso ed è caduto all'indietro, lacerandosi il braccio sopra una cassa di legno".
L'infermiera annuì, si avvicinò al braccio del boliviano per scoprirgli la garza e vedere la ferita da vicino. Gli fece togliere la giacca e la maglia consumata dall'aria della pampa e dal lavoro. Vide la cicatrice che tagliava a metà il petto, dallo sterno fino alla base della gola, larga un paio di centimetri. In quel punto il colore della pelle era quasi luminescente. Con la mano ferma, muovendo solo l'indice su e giù lungo la cicatrice, l'infermiera chiese al boliviano l'origine di quella ferita, quasi non pensando più alle cure di cui aveva immediato bisogno. Dal profondo della sua gola afona, il boliviano emise un suono sordo che fece arretrare di poco l'esile corpo dell'infermiera, come se si fosse dimenticata di aver di fronte a sé un muto, aspettandosi forse una spiegazione a parole, più che a suoni. Il compagno del boliviano, che assisteva alla scena in disparte, appoggiato a un tavolo di legno, si mise a parlare quasi meccanicamente, abituato a farlo, probabilmente, al posto dell'amico. Raccontò così all'infermiera che Santiago Sawers era un sopravvissuto. Tenne come in sospensione quella parola, "sopravvissuto". Un incipit solenne che meritava la breve biografia del compagno per via del ruolo che quest'uomo ebbe, e che continuava ad avere, per lui e per loro, i lavoratori della pampa, costretti a scannarsi contro il terreno, il lavoro atroce e il costante senso di impotenza, che aleggia sulle loro vite.
Egli sopravvisse al *massacro*.

64   Era ad Iquique, nel cortile della scuola,[21] dove insieme ai compagni resisteva alle pressioni dell'esercito, dello Stato e dei padroni delle miniere. Il racconto proseguì con dovizia di particolari: il raduno degli scioperanti davanti al piazzale della scuola; le incertezze e i timori su quel luogo, dato che il Comitato Centrale spingeva affinché si allontanassero da lì per raggiungere supinamente l'arena sportiva, poco fuori dal centro; il rumore insistente delle voci, dei proclami, delle rivendicazioni, della soppressione, dei passi insudiciati e ordinari dei soldati che gli si allineavano di fronte, impazienti, imperfetti, soffocanti, proiettati a gran velocità contro di loro, gli *obreros*.

Poi s'interruppe, non parlò degli spari. La sera trascinarono i corpi verso le fosse comuni. Il boliviano era lucido, tra quei morti si era riuscito a creare una porzione di silenzio. Fuggì dalla fossa, prima di essere sommerso dalla terra, lasciando quel ruolo ad altri compagni, come lui, caduti.

L'infermiera alla fine del racconto annuì con la testa, in restituzione a quella storia, di cui sapeva già tutto dai giornali. Li guardò entrambi per un attimo, poi si mise a togliere la garza, lavando la ferita con dell'alcool. Fece molto piano, più del solito, fissando il taglio mentre si ripuliva, lentamente, dal sangue coagulato, dai fili della garza, dalla sabbia.

F. BERTOCCO

21   La *Escuela Santa Maria de Iquique*, la quale fu teatro di un feroce massacro ad opera dell'esercito cileno, nei confronti di migliaia di minatori in sciopero, il 21 dicembre del 1907. Si stimano 2200 e 3600 vittime, tra i minatori e le loro famiglie.

NOTES ON PISAGUA[1]
(19°36'S 70°13'W)

MUTILATION OF THE WORKER, HUSBAND, AND MAN
OF THE CALLE DE CHIPANA

> [. . .]
> El pobre en el mundo
> Está expuesto a las dolencias
> Y al gran martirio profundo.
> Por un convoy desrielado,
> Un niño fue destrozado
> Daba pena y compasión...
> El cuerpo quedó en fragmentos
> En ese instante fatal.
> [. . .]
>
> *C.A.E.*[2]

That evening Estanislao Alejandro Harrera—responsible for
the maintenance of the railroad tracks and living in the red
house at the end of Calle de Chipana, only just out of his teens,
slender, with narrow shoulders and a scar as big as a coin on
his face, just above the right cheekbone—spoke to the doctor, Don Valentino Osandon, his hand clasped almost at the
wrist, asking him to blindfold his eyes during the amputation
of his right leg. The last word, "eyes," could barely be heard.

NOTES ON PISAGUA

1   About a hundred kilometers to the north of Iquique, after another
two hundred or so through the Atacama Desert, the most arid
region on the planet, on just the other side of the mountains
that separate it from the Pacific coast, is located Pisagua, a
half-abandoned port, situated at the farthest tip of the province
of Tarapacá (called the *I Región* since the times of military rule).

2   "The poor man of the world / Is exposed to sickness / And
to the most profound martyrdom. / For a derailed convoy, /
A child was shattered / It was sad and moving . . . / The body
was torn to pieces / In that fatal instant." *El Pueblo de Pisagua*,
October 24, 1905, n.p. Unless otherwise noted, original texts in
this essay are rendered in English by the translator.

66   The chloroform did its work rapidly and Estanislao's head lay
still on the cushion, facing the corridor.
Don Osandon took care of his patient: he got the nurse to
blindfold him with a piece of gauze and proceeded to amputate
his right leg. He saw that the left one had also been damaged
in the accident.

He waited a couple of hours, topped up the anesthetic, and then
the relationship between Estanislao and the ground that had
always supported him underwent irreversible change.[3]

INAUGURAL ADDRESS AT THE OPENING OF PISAGUA
HOSPITAL—SEÑOR CÉSAR J. MUÑOZ LLOSA (MEMBER
OF THE BOARD OF CHARITIES)

> [...]
> Reyes, papas, generales.
> Señores de horca y cuchilla
> Fueron azotes del pueblo
> Engendros de la crueldad;
> Ayer tuvieron la hoguera,
> Hoy la metralla infernal
> [...]
>
> *Juan Rafael Allende*[4]

As stiff and upright as the posts of a stockade, a line of people
watched the beginning of the ceremony: there were firemen,
sunk into their gleaming and deferential uniforms; and elementary school teachers, some of them from Alto Hospitio
and Iquique, emissaries of what little institutional culture had
reached the Pampas, preceded by a party of students wilting in
the heat of the late morning. All together they cast a long and
serrated shadow, which looked like a dense and impenetrable
moat, behind their backs. The sides of the makeshift stage
were propped up by the governor Don Luis Vieto, Dr. César

F. BERTOCCO

3   *El Pueblo de Pisagua*, September 5, 1908, n.p.
4   "Kings, popes, generals. / Lords of the gallows and the cleaver /
They were scourges of the people / Spawn of cruelty; / Yesterday
they had fire / Today infernal shrapnel." *El Pueblo de Pisagua*,
July 25, 1901, n.p.

 Quintana, and Señor Santiago Humberstone, followed by their indefatigable wives, who exchanged meaningful glances amidst that scanty crowd in Plazuela Ecuador. A new hospital was a big thing in the Pampas, affecting nearby towns as well and, above all, being an achievement of the board and its zealous activity. All of a sudden, everyone turned toward the representative of Pisagua's Board of Charities, Don Prieto Zentreno, whose role was to hand over the keys to the manager of the future hospital. He drew attention to himself, moving away from the other people on the stand as he waited to be given the room, and the time, to deliver his speech.

"Here, Señor Administrator, is the magnificent new hospital that the Pisagua Board of Charities has charged me with handing over to you at this solemn inauguration. It has fantastic and sunlit courtyards, wide and shady corridors, small gardens, comfortable rooms, a charming oratory, a surgical ward on whose operating table a scalpel, accurately and intelligently wielded, will be able to work the greatest wonders, large and airy rooms in which the vital breath of Nature will arrive to support the efforts of man, in order to restore lost health to the patients who will be treated in this hospital.

With this work, the Honorable Board has achieved one of its most cherished and sought-after goals, satisfied its noblest aspirations. It is deeply gratified to open this important building, which is distinguished by its graceful deportment in front of the sea, and facing the picturesque architecture of the city. You have understood perfectly, Señor Administrator, the efforts of this Institution to construct and complete this building as quickly as possible; for the one that has just been abandoned, owing to its dilapidated state and unsuitable sanitary conditions, was truly a discredit to civilized people like ours, an evident waning in the general progress of the century and a mark of disrespect to the European who sets foot on American soil for the first time.

From today this will no longer happen; on the contrary, the new hospital is a sign of clear progress for the port, giving an opportunity to that seed of charity that lies within the Christian soul to sprout fully in the light of the day, under this glorious September sun, amongst the flowers of the

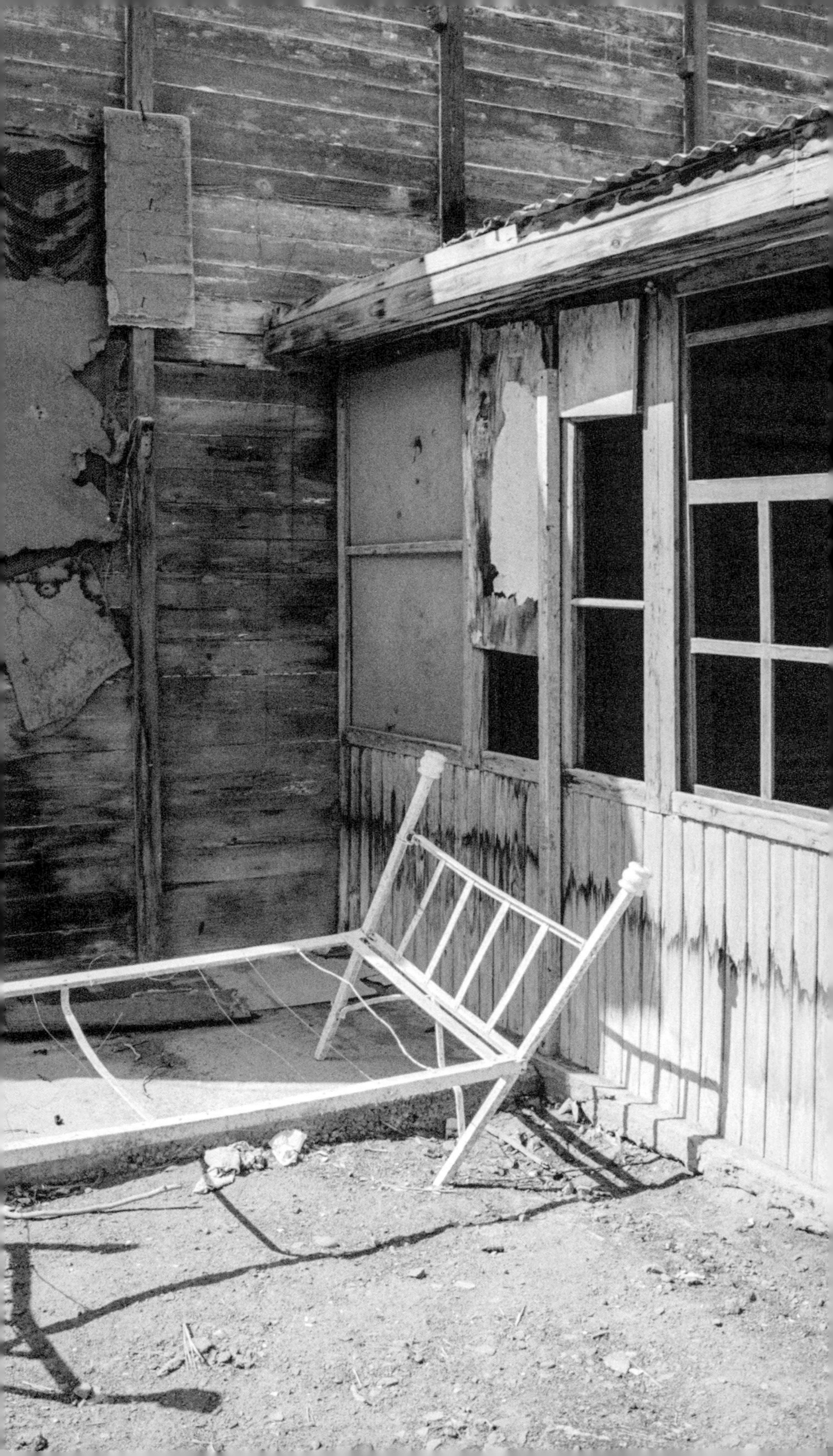

fields and with patriotism in the heart. In particular, it is due to your sense of philanthropy, distinguished Ladies and esteemed Gentlemen, that we have been able to attend the inauguration of this building. What a wonder it is to be able to do good!

May the rich man and the woman of good heart come here and ladle out, unsparingly, one his money, the other her maternal tenderness; and thus, exercising a worthy and silent charity for the poor, you will both earn the purest tears of human gratitude . . .

Thus I hand over to you, devoted Señor Administrator, this new building; and the Pisagua Board of Charities, trusting in your attentive and able management, in the indisputable competence of the medical profession and in the active cooperation of the whole staff, hopes and desires only a splendid future for this hospital, inaugurated in the midst of the bitter times we are passing through; a hospital which is opening its two common wards as if they were the arms of a Christ who bears in his hands healing balsam to overcome suffering and misery."[5]

The end of the speech was met with a brief smattering of applause, which could only be heard from close by, and with difficulty. It was hard, too, to hear the words of the parish priest Ruiz, which seemed for the most part to get muddled up with the beginning of the Administrator's speech. His flattering words were directed at the board in its entirety. In spite of his intention for them to be understood beyond any shadow of doubt, with the force of the gratitude and resolve of someone who would have done anything to emphasize his appreciation and obedience at every step, his words came out rarefied, diluted in the vast expanses that stretched out in front of Pisagua, from the harbor toward the sea, and behind it, in the direction of the Pampas, across the rocky ridge that divided them from the city. The speechmaking soon came to an end and the city's more reputable families headed for the temporary canteen prepared for the patients, who had watched the ceremony in dutiful silence, unable to escape the inflexible and peremptory stricture that wished to keep them confined within their suffering, while

NOTES ON PISAGUA

5 "Annuncio XVI," *El Pueblo de Pisagua*, September 10, 1909, n.p.

they waited for the corridor of virtue and philanthropy to open up and lead them, as they emerged, toward that meal.

In the meantime, the band started to play the best pieces in their repertoire.

VISION OF ILLNESS AND GREETING IN THE TIME OF THE PLAGUE

> [...]
> ¿Qué es la vida? Solo un sueño
> ¿Qué es el hombre? Sólo un átomo? ¿Qué es l'inmensa creación?
> Es miseria, nada más
> ¿Y la gloria? Fuego fatuo,
> Engañosa luz que brilla.
> La terrible realidad.
> [...]
>
> *Agustín Ortúzar González*[6]

The figures for the epidemic of bubonic plague that broke out in Pisagua in 1905 are as follows:[7]

91 confirmed cases, 77 of which were taken to the lazaretto, 14 left among the population; 28 deaths among those admitted, 10 deaths among those left in the population; 14 discharged from the lazaretto; 10 still recovering.

After the meeting at which the decision was taken to build a new hospital in Pisagua, Don Pedro N. Bausuare, just appointed Administrator of the Cemetery by the Pisagua Board of Charities,[8] stayed behind to speak to one of the members of the board, complaining about the inexplicable delay in his appointment: an appointment already decided on months earlier in agreements

F. BERTOCCO

6   "What is life? Just a dream / What is man? Just an atom / What is this immense creation? / It's misery, nothing more / And glory? A will o' the wisp, / Light that shines deceptively. / Terrible reality." *El Pueblo de Pisagua*, October 22, 1910, n.p.

7   *El Pueblo de Pisagua*, April 11, 1905, n.p.

8   Whose members were Jorge Ganeton, Francisco Rielta, Gustavo Prieto Zenteno, and Carlos Cossono.

that, according to him, merely had to be formalized on the first occasion of an official meeting (which had occurred two months earlier, during the second assembly of the New Year). The management of the cemetery had been under discussion since a year prior to the epidemic. The previous administrator, Don Romillo Torrealba, had quickly moved to Alto Hospicio, taking with him his wife and young son Juan, a victim of polio. The site of the cemetery was three kilometers to the north of where the new hospital would be built, extending over a patch of desert between the cliffs and the foot of the hill and surrounded by a wooden fence that marked its perimeter. It was the first thing that hove into sight for the crews of the freight trains arriving from Iquique loaded with nitrate, descending from the desert to the port of Pisagua. The question on which Don Pedro N. Bausuare reflected—one of the priorities that had lain behind his decision to accept the post of administrator— was the position of the lazaretto to the south of the cemetery, which he thought ought to be moved, as it was too close to one of the two roads that provided access to Pisagua. He wanted it shifted farther to the northwest, near the railroad tracks, a place that would be easier to get too, but more isolated.

Pisagua's lazaretto or isolation hospital was a wooden structure able to house up to a hundred patients (at the height of the plague, in March 1905, there were 150), divided into two areas, each with its own entrance, that kept the women separate from the men. The two blocks presented the appearance of a single, bare space, with load-bearing beams set a few meters apart to support the ceiling. This was flat and reinforced by a perimeter of struts, distributed along the edges and diagonally, their joints blocked with iron spikes. The side walls had the same structure as the ceiling. The wooden boards of the floor were the same length as the block, and separated from one another by a gap of a few millimeters. The beds—meager cots, with rudimentary wooden frames—were ranged lengthwise along the walls. Next to each bed, on the side facing into the room, was a chamber pot, emptied twice a day by Dr. Cossaro's assistants.
There was no division between the patients of the same block. The beds, set so close together, made contagion the most frequent interaction between the inmates of the lazaretto. In this jumbling together of beds and bodies, the only way to distinguish one patient from another was a small number painted on the wall above each cot; it was a list that was updated continually, either through recovery or through death.

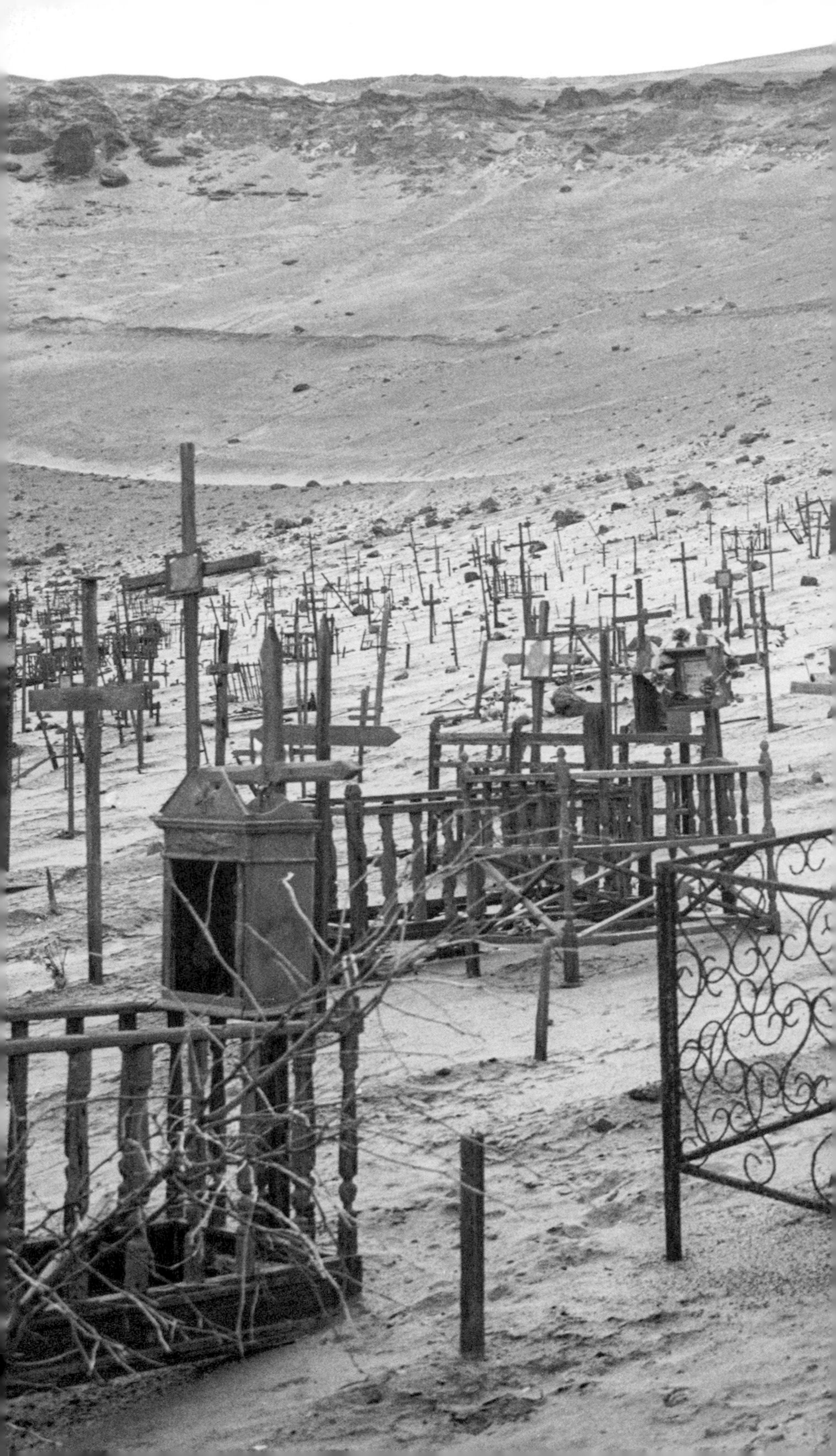

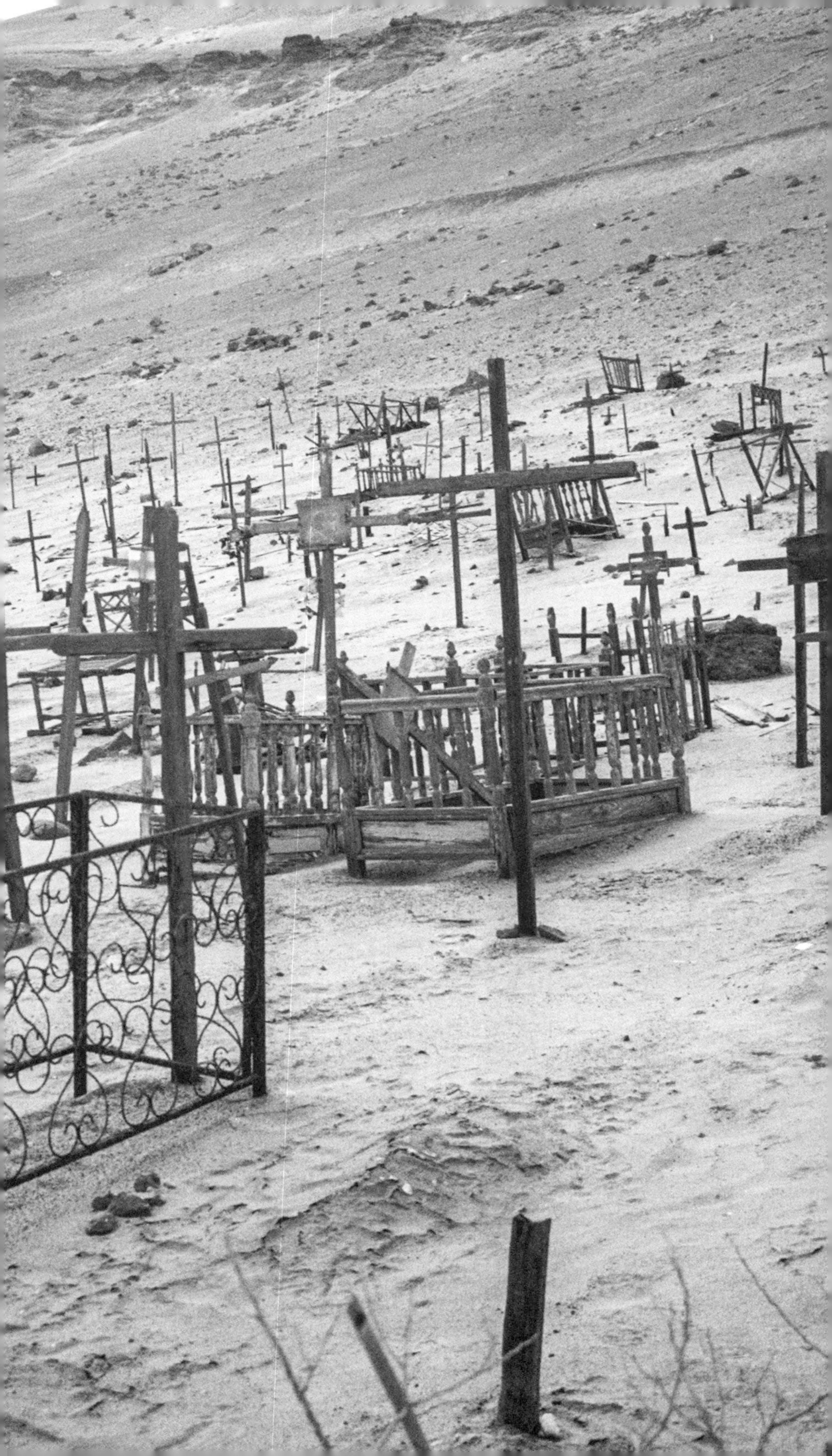

One more external part was devoted to convalescents on the mend, who had to be discharged as rapidly as possible—space was limited and staff even more so. Two carriages plied between Pisagua and the lazaretto, one to bring provisions and the other to transport the sick and dying. Outside the lazaretto there was a patio, covered by a sheet of cloth eight meters wide and about twenty long that ran all the way along the south side of the structure and whose ends were raised by three wooden poles the same height as the walls, supported in turn by guys fixed in the ground with hooks, about ten meters in front. All this was done under the guidance of Dr. Cossaro, who had arrived from Arica the year before, and his staff of nurses and a few volunteers: many came from the old hospital and would end up, four years later, in the new one, including Dr. Cossaro himself.

It was while he was presiding over the new assembly of the board, in his capacity of the new administrator of the cemetery, that Don Bausuare learned that Dr. Cossaro had just confirmed a new case of the plague in Pisagua: Ignacio Pinto, the servant of Don Carlos Gierke, an acquaintance of Don Bausuare's.

"In times of epidemic one should be very sparing in shaking hands in greeting; the military salute is welcome."[9]

DANZA DE LA MUERTE

> [...]
> Muere un rico en on palacio
> Y la prensa, en general
> Dice . . .
> . . . duelo nacional
> Muere una madre en on choza
> Y on prole que solloza
> Y a un tigre el alma destroza
> Queda huérfana en el mundo.
>
> *Juan Rafael Allende*[10]

F. BERTOCCO

9   *El Pueblo de Pisagua*, April 8, 1905, n.p.
10   "A rich man dies in his palace / And the press, in general / Says . . . / . . . National mourning / A mother dies in a hut /

75   The faint and melancholic sound that wafted into the room came
from two slender figures, seated just outside the door, at the
customary decent distance, with their legs folded inward, backs
bent forward, hands resting on their thighs, and faces turned
toward the whitish board on which the patient lay. They wept
delicately, stopping every so often, only to start again at once.
They were called *planideras* or, in some families, *llorona*. They sat
among the relatives of the patient, on the edge of the room,
and wept for the families while they prayed that healing would
come and there would be no need for the *danza de la muerte*.

> *"Death of a Victim of the Plague*
>
> The widow Camila de Zegarra, who lived near the railroad,
> contracted bubonic plague days ago: neither the govern-
> ment nor the police were aware of the fact. She died on
> Thursday at midday.
>
> During the night her closest friends held vigil over the
> body. On Friday afternoon, the corpse was taken to the
> cemetery by a procession of twenty people.
>
> If the deceased really died of bubonic plague, it is very likely
> that those who attended the wake have contracted that dis-
> ease and if they do not go to the doctor immediately, their
> death will be inevitable. In this way the plague, instead of
> being isolated and coming to an end for good, will spread in
> the same way as it did the first time it appeared in Pisagua."[11]

EPIPHANY OF THE STRANGER OF THE CAMANCHACA

> [. . .]
> Desgraciado, desgraciado
> Es sin duda el proletario
> Que aquí viene entusiasmado
> Y sucumbe en el Calvario
> Llega a la pampa el obrero
> Y después triste lamento

NOTES ON PISAGUA

And her offspring sobs / And a tiger destroys the soul / She is left
orphaned in the world." *El Pueblo de Pisagua*, July 12, 1901, n.p.

11   *El Pueblo di Pisagua*, March 22, 1911, n.p.

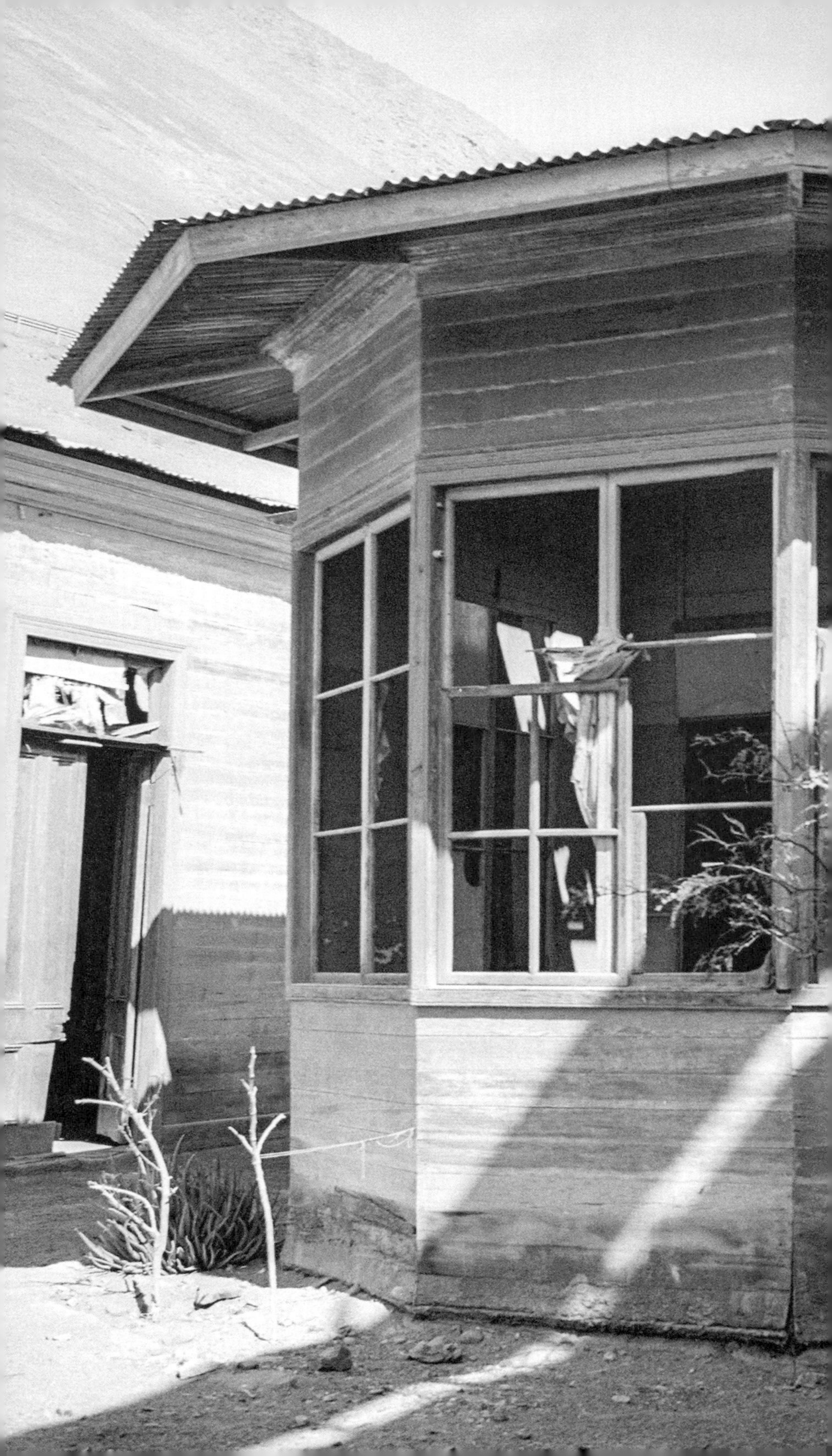

¡Halla acá su carcelero!
Trabaja con noble anhelo
Por conseguir su sustento.
Muere en el hospital, hambriento. Esa es vida de roto.
Muere, or queda en la orfandad
[. . .]

Lorito Ramírez[12]

The men's ward was long enough to house eight beds on each side, twelve meters from door to door. Alongside each bed there was a wooden dresser, painted with white enamel, on which the nurses placed the few articles needed for their daily work: the case sheet, a jug for water, a tin cup. One of the drawers contained a copy of the Bible, letter paper and a pen with a bottle of black ink; the other held the few belongings that the *pamperos*[13] brought with them, maybe one or two photographs, a gold chain, newspaper cuttings, an icon of the Reina del Tamarugal. The entire room was illuminated by four lamps with cloth shades, each hanging from a cord fixed to the wall with a nail. Above the door that led to the outside, facing the entrance of the courtyard, there was a long and narrow skylight made up of three square panes of glass, around fifty centimeters on a side, covered by a gray-green drape that took up almost the whole surface of the glass, projecting a few centimeters at the bottom, at the height of the door. Light entered from just two windows set in the outside wall, also facing onto the courtyard; they were tall, reaching almost to the ceiling, constructed out of wood and opening vertically, with the lower part covered by a thin white drape that diffused light onto the beds.

Lying on his side, dressed in a white shirt and black pants, the invalid seemed completely motionless, apart from a slight movement of the blankets above his chest.

NOTES ON PISAGUA

12   "Wretched, wretched / It is undoubtedly the proletarian / Who comes here enthusiastic / And succumbs to the ordeal / The worker arrives in the Pampas / And then with sad regret / Finds here a jailer! / He works with noble longing / To earn a livelihood. / He dies in the hospital, starving. That is the life of the broken. / He dies, or is left orphaned." *El Pueblo di Pisagua*, October 28, 1902, n.p.

13   The inhabitants of the desert.

78   "On the retreat of the *camanchaca*,[14] just above the Chipana,
in an expanse of dirt, rock and sand, the body of the stranger appeared like an omen." It was with these words that Dr.
Guillermo Ossa, distinguished member of the board and ardent
freemason, told the story of the stranger or, rather, that of his
singular and obscure discovery.
There was no doubt about the work he did. The clothing
in which he was found was that of the *obreros del salitre*:[15]
a broad-brimmed hat, similar to the one worn by *campesinos*;
worn jacket and ocher-colored pants, wide sleeves rolled up
at the ends; the lace used to tie the jacket at the waist was torn
at one point; the hems of the pants were frayed, straight and
ankle-length; the shirt was buttoned up almost to the throat;
a neckerchief was pulled up over his mouth; the lapel of the
jacket was wide enough to act as a second skin, a defense
against the extreme aridity and harsh sunlight of the Pampas.

He was found on his back, lying helpless on the ground, in
the shade of a tamarugo tree, as if resting—probably the sign
of a last courtesy. "Grave," said Dr. Guillermo, who took him
on as a patient, "extremely dehydrated, a case of aphasia,
perhaps a hysteric." The exaggerated heat of the Pampas is
capable of transforming people, to the point of rendering
them unrecognizable.

One morning, a few days after he had been discovered, the
nurse on duty found the stranger of the *camanchaca*'s bed empty,
the blankets pulled up to cover the cushion, in what seemed to
be a gesture of gratitude for the hospitality he had received.
"Se fue con la camanchaca,"[16] she said, gazing toward one of
the room's windows.

F. BERTOCCO

14   Banks of cloud that form on the Chilean coast, between fall and
spring, and vanish every morning when the desert sun makes
the fog evaporate. In this region, the *camanchaca* is lodged in
the memory of the *pamperos*: memories of war and raids, "kill-
ing with the *camanchaca*"; elusiveness, "he went away with the
camanchaca"; accounts of what has happened and been forgotten
over time, "things done during the *camanchaca*."
15   Saltpeter workers.
16   "He went away with the *camanchaca*."

> [. . .]
> Clamando contra el infierno
> de la explotación mezquina
> más salvaje y asesino
> el obrero ante el gobierno
> reclamó contra on ruina,
> y éste los mató en montón
> con más saña que una fiera, probándoles que es tontera
> ampararse en la razón.
> [. . .]
>
> *Alejandro Escobar y Carvallo*[17]

The lawyer Serafin Soto, whose studio and home were at number 5, in the yellow building on Calle Camilo Henriquez, stood as ramrod straight as an officer on the balcony of the Teatro Municipal, with his face turned toward the small crowd gathered at the theater's entrance. As a worthy member of the board, it was his duty on such occasions to introduce the activities that would take place at the theater that afternoon and evening.

> "En la tarde:
>
> Marcha—Angames
> Fantasia—Orijinal
> Vals—Claro de luna
> Bolero—Una noche de tertulia
> Marcha militar
>
> En la noche:
>
> Marcha—Blanco Encalada
> Fantasía de L'Ópera Lucia

NOTES ON PISAGUA

17   "Crying out against the hell / of petty, fierce and / murderous exploitation / the worker laid a claim / against the government for his ruin, / and he killed a bunch of them / with more fury than a wild beast / proving that it is foolish / to take refuge in reason." *El Pueblo de Pisagua*, December 21, 1909, n.p.

Vals—Por mar y por tierra
Polka—Característiea
Vals—Fué sueño
Marcha militar"[18]

The five doors of the entrance that gave directly onto the narrow foyer separating the auditorium from the world outside had just been opened. People entered distractedly, talking and stopping after a few steps, before the start of the performance. The musicians themselves were mostly off stage, leaning on their instruments, ready to go on and start playing at the conductor's signal. From the height of his vantage point, his hands clutching the balcony's parapet of Oregon pine—the material from which most of the building, designed in the neoclassical style prevalent during the age of saltpeter, was constructed—Soto focused on the scene in front of him. Partly out of habit, but also due to two elements that, one for the insistence of its appearance and the other for the uneasy spell it cast, held his attention: the Kitson Meyer *ferrocarril salitrero*, with the number "59" painted on the locomotive wreathed in steam, and the woman in a dark blue dress facing the tracks, a few meters from the theater.

The Kitson Meyer, the last of the day, pulled about ten freight cars of an olive green color piled almost to the point of collapse with sacks of nitrate from the *pampa salitrera*. A long train headed for the harbor, where the load would continue its journey by sea. Pisagua was the last stop on a railroad line running for 640 kilometers, made up of main and secondary legs linked to Iquique, the terminus, that passed from sea level to the inland plateau, winding its way up the mountains facing onto the Pacific coast. Supplies for the city were brought up from the coast and nitrate for export was the return load.[19]

In the central section of the theater the seats were arranged in two rows that narrowed progressively toward the stage. A clear passageway, in the middle, made it easier for the audience

F. BERTOCCO

18   *El Pueblo de Pisagua*, August 1, 1905, n.p.
19   The main freight was nitrate, but the train also carried fuel, passengers, packages, generic goods and cattle. The water for the steam locomotive and the city came from two wells at Dolores, fifty-three kilometers from Pisagua.

81 to reach their seats, as they were able to move down the center and along both sides.

At the edges of the stage, built out of long and narrow planks of dark pitch pine, there were two balconies from which the town's notables usually watched the performances. The mayor and the members of the board sat here, with their respective consorts and children. The theater was in the neoclassical style: pillars, columns, capitals, balustrades, arches and triangular pediments. High up, covering almost the whole of the ceiling and set above the central section of the auditorium, there was an oculus divided into four parts and surrounded by a marbleized surface painted on paper in the manner of a trompe-l'oeil, crowned by a floral decoration in a deep green color that ran around its perimeter. Each segment of the tondo was separated by columns at whose base was drawn a golden lute with a long and ornate neck, the top tied with a bow with a long ribbon that hung down, in ecstatic suspension, at the sides of the lute, without ever touching them. The scenes represented had a single theme, of a celestial character: putti and angels danced with one another, holding masks and musical scores and playing wind instruments, before slipping away euphorically among the clouds. At the center, enclosed in a perfect circle, a skylight open onto the sky transformed that elementary artifice into an instant of reality.

That day of celebration at the Teatro Municipal was the last before the hospitalization of lawyer Serafin Soto. From his bed in the lazaretto he watched the nurse and doctors Rivera and Rissa hard at work, moving from one patient to the next and, with a few rapid gestures, the product of habit, checking the progress of the disease and the state of the sheets, in most cases covered with dark stains and worn over almost their whole surface.

Something else stood out in his memory from that last day: after the musicians had climbed on stage, a woman in the front row began to cough violently. Everyone started to look in her direction, in silence. The woman jumped to the feet with her hands over her mouth and her face purple, bending in double with each cough. Her husband placed a hand on the middle of her back and guided her toward the exit. Once she had left the theater, the musicians started to play the first *marcha*.

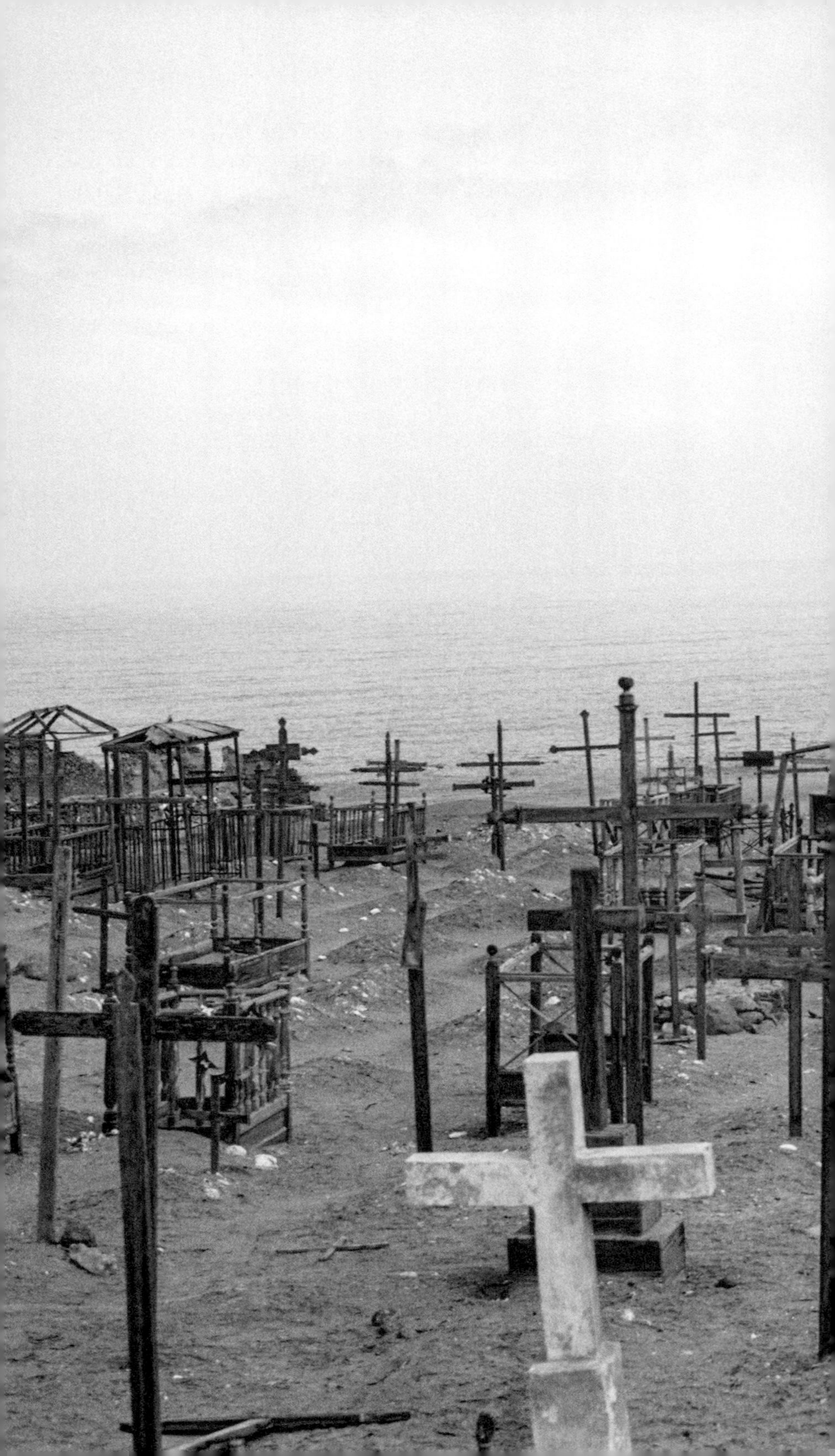

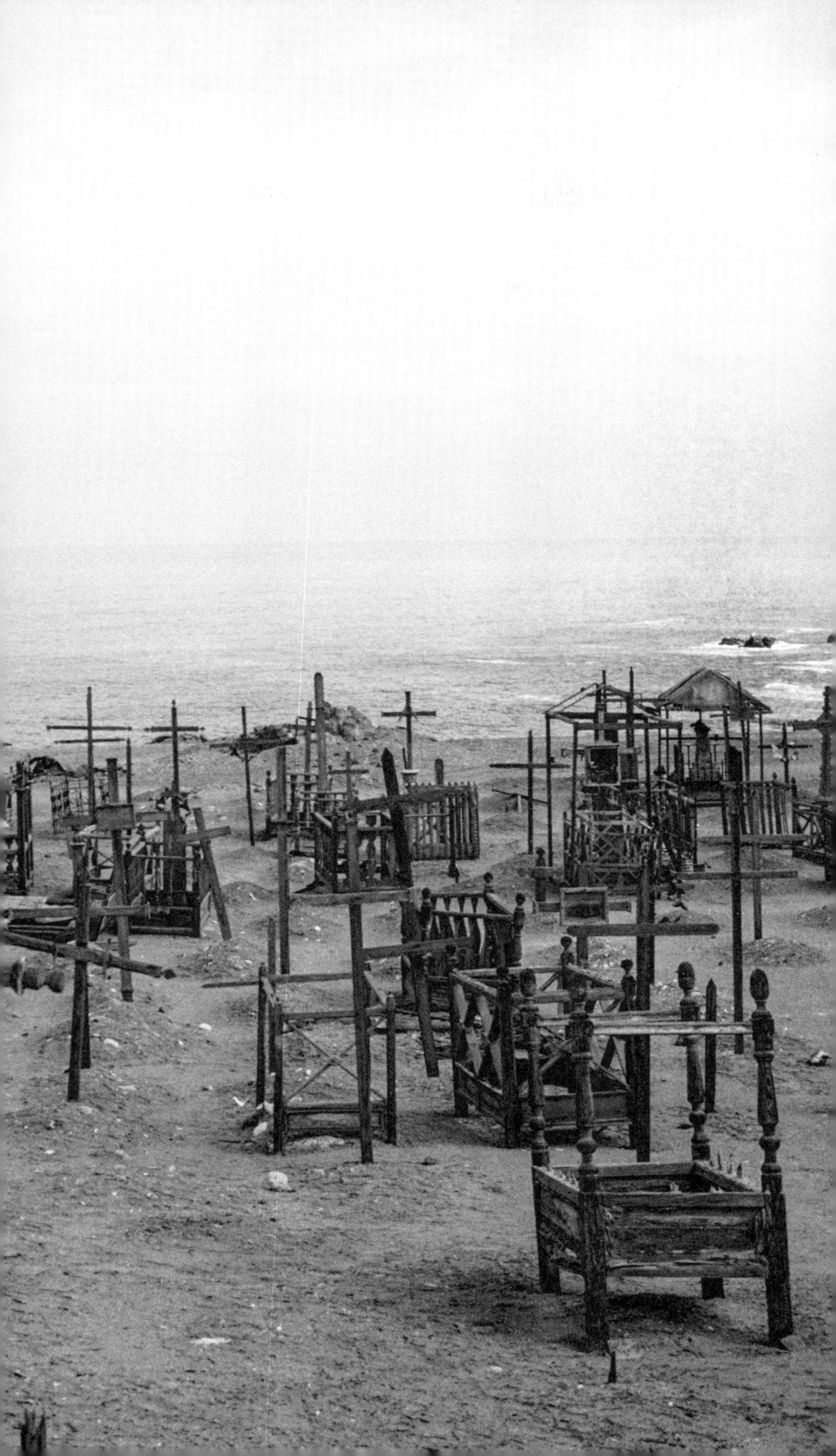

> [...]
> Pido venganza por la que vino
> de los obreros el pecho a abrir
> pido venganza por el pampini
> que alla en Iquique, supo morir.
>
> *Anonymous*[20]

From the rock on which the two *obreros* were sitting, the façade of the hospital was visible in its most complete form and they could see, clearly visible from that perspective, the slight slope of the ground on which the building had been constructed. Following that slope and going farther and farther down toward the edge of the square, you arrived at a steep cliff from which rose a dull sound. There, the water flailed against sharp and jagged rocks, throwing up plumes of foam that fell back against the steep dark rocks of that stretch of the coast, onto which faced, a few meters farther on, a small jetty.

The only access to the hospital for visitors was up a flight of steps, located at the center of the building and long enough to mitigate the slope of the ground. It was built of stone, without a handrail at the sides, and attached directly to the embankment that supported the whole hospital.
The hospital was split into two levels. The ground floor ran the full length of the façade. At its sides ten or so windows were ranged at equidistant intervals. A row of four wooden columns supported the balustrade of the second floor, only half as long as the one below, which was reserved for private examinations by the doctors.

The two *obreros,* walking down a path carved out of the rock more by nature than by man, arrived at the level of the steps. One of them, the Bolivian, had had his arm bandaged with a length of gauze, knotted hastily all the way up on the shoulder. At the point where the arm was wounded there was a

F. BERTOCCO

20   "I ask revenge for the one who came / to open the chest of workers / I ask revenge for the man from the Pampas / who there in Iquique, knew how to die." *El Pueblo de Pisagua*, November 8, 1906, n.p.

large dark stain, with a smaller circle of bright red blood at its center. His companion, without saying a word, gazed at the Bolivian's wound and then gestured impetuously toward the flight of steps, pushing him forward with a hand on his back. Both of them climbed the steps and entered the courtyard of the hospital. Passing through the entrance and protected by the shade of the hall, they looked back at the horizon of the sea. From the point where they stood, an optical illusion made it appear to completely fill the space outside, so that the whole building almost looked as if it were suspended above the water, detached from the restless, arid, and boundless expanse of the Pampas and drawing close to another endless expanse, but a calmer and more imperishable one, the sea.

The hospital courtyard was rectangular in shape and at its center stood a palm tree, parched by the sun and the wind. From the courtyard the outer part of the kitchen could be seen, with steam rising and sheets hung out to dry, as well as a small hexagonal pavilion, in which patients were received for their first examination and a building the same length as the entire hospital, which housed patients in a more serious condition. A doctor and a nurse had stopped to talk under the shade of a patio, and a patient dressed in white lurched unsteadily toward them. The two *obreros* approached the hexagonal pavilion unobserved and sought, through the large panes of glass that covered it, the gaze of one of the three nurses seated inside. They were noticed straightaway and one of them made a signal with her hand for them to enter.

The Bolivian did not respond to the quick-fire questions from the nurse. He stood there with lowered eyes, his gaze fixed on his bandaged arm. "He's mute," said the other. "He can't answer you. He hurt himself unloading sacks from the train. The rope that held the load came loose suddenly and he fell backward, lacerating his arm on a wooden crate."
The nurse nodded and approached the Bolivian's arm to remove the gauze and see the wound from close up. She got him to take off his jacket and his undershirt, worn by the air of the Pampas and by hard labor. She saw the scar that cut his breast in half, running from the sternum to the base of the throat and a couple of centimeters wide. At that point the color of his skin was almost luminescent. With a steady hand, moving just her index finger up and down the scar, the nurse asked the Bolivian what had caused that wound,

for a moment no longer thinking about his immediate needs. From the depths of his voiceless throat, the Bolivian emitted a dull sound that made the slender body of the nurse draw back a little, as if she had forgotten that the man in front of her was dumb and had expected an explanation in words, not in sounds. The Bolivian's companion, who was watching the scene from one side, leaning on a wooden table, started to speak almost mechanically, probably accustomed to doing so in his friend's place. He told the nurse that Santiago Sawers was a survivor. He left that word, "survivor," hanging in the air. A solemn beginning that merited a brief biography of his companion, owing to the role that this man had played, and continued to play, for him and for them, the workers of the Pampas, obliged to butcher the earth, and the appalling labor and constant sense of impotence that hovered over their lives. He survived the *massacre*.

It was in Iquique, in the school yard,[21] where he and his workmates were resisting the pressure of the army, the state and the mine owners. The account continued with a wealth of detail: the rally of the strikers in the square in front of the school; the uncertainties and fears over that location, given that the Central Committee was urging them to move away from there and head docilely for the sports arena, just outside the center; the insistent clamor of voices, proclamations, demands, suppression, of the sullied and ordinary footsteps of the soldiers who lined up before them, impatient, imperfect, suffocating, propelled at great speed against them, the *obreros*.

Then he stopped. He did not speak of the shooting. In the evening they dragged the bodies away to mass graves. The Bolivian was lucid. Amidst all those dead he had managed to create a bit of silence. He fled from the grave, before being buried under the dirt, leaving that role to other comrades, fallen like him.

At the end of the account the nurse nodded her head, in acknowledgment of that story, which she knew already from the newspapers. They looked at each other for a moment, and then

F. BERTOCCO

---

21   The Escuela Santa Maria de Iquique, which was the scene of a bloody massacre of thousands of striking miners carried out by the Chilean army on December 21, 1907. Between 2200 and 3600 miners and members of their families are estimated to have been killed.

she set about removing the gauze and washing the wound with alcohol. She did it very gently, more so than usual, gazing at the cut while she cleaned it, slowly, of the clotted blood, the threads of gauze, the sand.

LA POLITICA NON È ALTRO CHE MEDICINA SU LARGA SCALA.
INTRODUZIONE ALLA MEDICINA SOCIALE, DALLA SLESIA AL CILE

Il World Suicide Prevention Day è un'iniziativa istituita dall'Organizzazione Mondiale della Sanità per sensibilizzare l'opinione pubblica rispetto al tema della salute mentale. Il 10 settembre 2020 è stato il primo appuntamento per la prevenzione del suicidio dall'inizio della pandemia di Covid-19, periodo in cui, secondo le stime, il numero di suicidi nel mondo è aumentato esponenzialmente. Mentre la comunicazione ufficiale degli organizzatori dell'evento ruotava intorno agli slogan "Lavorare insieme per prevenire il suicidio" e "La prevenzione del suicidio è un affare di tutti!", un tweet che va in una direzione radicalmente diversa è stato condiviso da migliaia di utenti:

"È il mese dedicato alla prevenzione del suicidio e questo è solo un promemoria che
   – alloggi a prezzi accessibili sono prevenzione del suicidio
   – un salario decente è prevenzione del suicidio
   – assistenza sanitaria universale è prevenzione del suicidio"[1]

Il tweet porta candidamente l'attenzione su un concetto: il diritto alla salute degli individui è profondamente influenzato dalla struttura della società in cui vivono, che determina chi può avere il privilegio di accedere alla salute mentale e chi no. Oltre a sintetizzare efficacemente alcune delle cause che influiscono maggiormente sul tasso dei suicidi a livello globale, l'utente @bignaturals rimette al centro del discorso le responsabilità politiche che sottostanno al fenomeno del suicidio, che nella comunicazione dell'evento finivano in secondo piano. È esemplare, in questo senso, la brochure ufficiale dell'iniziativa, in cui il dovere di contrastare il suicidio viene distribuito su un lungo elenco di soggetti, tra i quali le istituzioni politico-governative, garanti principali della reiterazione delle forme di sperequazione sociale di cui sopra, figurano solo all'ultimo posto, dopo – in quest'ordine – la famiglia, gli amici, i colleghi di lavoro, i membri della comunità, gli educatori, i leader religiosi e i professionisti della salute.[2]

Il nesso tra la salute clinica degli individui e le macro-dinamiche di carattere sociale e politico in cui sono immersi è un tema

L. CALABRÒ VISCONTI

1   Tweet dell'utente @bignaturals, 9 settembre 2020.
2   Brochure ufficiale della International Association for Suicide Prevention, 10 settembre 2020, https://www.iasp.info/wspd/pdf/2020/2020_wspd_brochure.pdf

che abbraccia più di un secolo e mezzo di letteratura medica e filosofica. Dai progetti di riforma della salute pubblica della seconda metà del XIX secolo, attraverso buona parte della produzione di Michel Foucault, fino ai più recenti tentativi di indagine biopolitica dell'emergenza sanitaria, si evince come il diritto alla salute dei cittadini sia da tempo un terreno fondamentale su cui si gioca la negoziazione con le tecniche di potere. "Ditemi come la vostra comunità sta costruendo la sua sovranità politica e io vi dirò che forme assumeranno le sue epidemie e come le affronterete" propone Paul B. Preciado nel suo recente testo "Aprendiendo del virus",[3] suggerendo che anche la diffusione della pandemia, così come i meccanismi di inclusione ed esclusione che la sua gestione comporta, vadano analizzati attraverso una lente socio-politica oltre che come un evento strettamente biologico.

Nello sviluppo di queste tematiche ha avuto un ruolo importante il campo della "medicina sociale", spesso taciuto nel discorso contemporaneo a causa della sua difficile definizione, dovuta alle divergenti connotazioni che il termine ha assunto nel corso del tempo. Il concetto nasce nel contesto delle istanze dei moti rivoluzionari contro i regimi assolutisti del 1848, per rivendicare la necessità di un radicale cambiamento sociale per le classi più deboli della popolazione, che vivevano in condizione di indigenza e oppressione. La tesi principale dei promotori di questa disciplina era che "il miglioramento della medicina potrà alla fine prolungare la vita umana, ma il miglioramento delle condizioni sociali può raggiungere questo risultato più in fretta e con maggiore successo".[4] Una corrente di pensiero successiva, che parte dallo stesso Foucault, vedrà poi nello sviluppo a livello statale della medicina sociale la costruzione dell'infrastruttura perfetta per la medicalizzazione strategica di questioni di natura politica da parte dei governi liberisti e poi neoliberisti. La retorica della medicina sociale avrebbe offerto una legittimazione formale delle tecniche attraverso cui il potere ancora oggi standardizza, controlla e mette a

LA POLITICA NON È ALTRO
CHE MEDICINA SU LARGA SCALA

3   Paul B. Preciado, "Covid-19: Aprendiendo del virus", *El País*, 28 marzo 2020. Se non diversamente specificato, i testi originali resi qui in italiano sono curati dall'autore.

4   Howard Waitzkin, "One and a Half Centuries of Forgetting and Rediscovering: Virchow's Lasting Contributions to Social Medicine", *Social Medicine*, 2006, p. 5-10.

profitto la vita dei cittadini.[5] La definizione di medicina sociale viene complicata ulteriormente dal fatto che sia una disciplina tuttora esistente e in continua evoluzione, il cui significato si sovrappone oggi in parte a quello istituzionalizzato di "sanità pubblica", fuorviante rispetto alla vocazione libertaria e fondamentalmente rivoluzionaria con cui il termine era stato coniato.

In risposta alle contraddizioni e lacune di questa genealogia, i capitoli che seguono si propongono di introdurre tre figure tratte dalla storia della medicina sociale, con un affondo specifico sul contesto cileno. L'approfondimento della formulazione originaria del concetto di "medicina sociale" da un lato, e l'analisi della messa in pratica che ha avuto in America Latina – e specialmente in Cile – dall'altro, possono infatti fare chiarezza sull'eredità storica di questo concetto, e fornire degli strumenti utili ad arricchire il discorso canonico sulla lotta tra tecniche di governo e diritto alla salute. Le biografie e storie che seguono, lungi dall'essere esaustive dell'articolata storia della medicina sociale e del suo sviluppo in Cile, offrono dei piccoli carotaggi in tre periodi diversi di quella storia, mettendo in luce l'esperienza di figure ingiustamente relegate a un ruolo accessorio nel discorso contemporaneo.

RUDOLF VIRCHOW, LA FEBBRE PETECCHIALE E LA NASCITA DELLA MEDICINA SOCIALE

Nel 1848, il ventisettenne Rudolf Virchow (1821-1902), all'epoca professore di anatomia patologica all'Università di Berlino, venne incaricato dal governo prussiano di condurre una ricerca sulle cause di una epidemia di febbre petecchiale scoppiata in Alta Slesia. Nel suo resoconto, Virchow sviluppò la tesi che le cause dell'epidemia non fossero legate al clima, come si pensava all'epoca, ma al precario stato socio-economico della comunità locale, prevalentemente composta da minatori e tessitori, che viveva in estrema povertà, in pessime condizioni d'igiene e

5   Non a caso, è proprio nel testo "La nascita della medicina sociale" (1977) che Foucault utilizza per la prima volta il termine "biopolitica". Per un approfondimento dell'analisi, a volte approssimativa, della medicina sociale da parte di Foucault, si veda Emmanuel Renault, "Biopolitique, médecine sociale et critique du libéralisme", *Multitudes* 4, n. 34, 2008, p. 195-205.

sotto il controllo di uno stato autoritario e repressivo. Virchow insistette che l'epidemia non poteva essere risolta trattando i singoli pazienti con terapie farmacologiche, ma solo attraverso un'azione radicale che coinvolgesse l'intera società, includendo tra i "metodi di cura" la prosperità economica, l'estensione dell'accesso all'istruzione, la transizione verso la democrazia. Il governo lo rimosse immediatamente dal suo incarico, facendolo regredire al ruolo di assistente prosettore, l'incaricato di eseguire autopsia e preparazione dei cadaveri per le lezioni di anatomia. L'analisi di Virchow introdusse temi che avrebbero rivoluzionato per sempre il rapporto tra medicina, governabilità e diritti civili. Al suo lavoro, insieme a quello di altri legati alla Primavera dei popoli, si deve l'idea che la malattia vada analizzata in termini multicausali, che le cause siano indissolubili dal contesto socio-economico in analisi, e che lo stato e la medicina debbano lavorare insieme per garantire la salute della popolazione, uno dei diritti inalienabili di ogni cittadino. Da qui la massima "la medicina è una scienza sociale e la politica non è altro che medicina su larga scala".[6]

La medicina sociale emerse quindi in un primo momento come un movimento radicale di pressione politica, che denunciava l'inadeguatezza dei metodi della medicina tradizionale abituata ad amministrare la salute attraverso la logica della polizia sanitaria, e puntava il dito verso le ingiustizie sociali perpetrate dal governo prussiano sulle fasce più deboli della popolazione. Nei suoi ottant'anni di vita, costellati da più di duemila pubblicazioni scientifiche e da un ruolo nel Parlamento tedesco nel 1880, Virchow sostenne attivamente la costituzione di una medicina dei poveri e dei lavoratori, coerentemente inserita in un programma politico di riduzione delle disuguaglianze sociali attraverso l'intervento statale. "Non è chiaro che la nostra battaglia deve essere sociale? Che il nostro compito non è quello di scrivere le istruzioni per proteggere i consumatori di meloni e di salmoni, di dolci e gelati, cioè la borghesia benestante, ma quello di creare istituzioni che proteggano i poveri, coloro che non possono permettersi pane fresco, carne e caldi vestiti? Potrebbero i ricchi durante l'inverno – davanti alle calde stufe e alle torte di mele – ricordarsi che gli equipaggi delle navi che portano

6   Rudolf Virchow, *Mitteilungen über die in Oberschlesien herrschende Typhus-Epidemie*, Reimer, Berlino 1848, p. 34.

carbone e mele muoiono di colera?".[7] Foucault descrisse la medicina sociale come uno degli strumenti attraverso cui la governamentalità neoliberista prese possesso del campo medico come tecnica per controllare e sfruttare gli individui. Va ricordato come il senso con cui nacque la medicina sociale fosse diametralmente opposto. Nelle parole di Emmanuel Renault "non si può ignorare che la medicina sociale abbia dato origine a una delle critiche più efficaci e radicali dei principi normativi del liberalismo".[8]

JUAN GANDULFO GUERRA E IL POLICLINICO AUTOGESTITO DEGLI INDUSTRIAL WORKERS OF THE WORLD

La storia della medicina sociale cilena viene spesso narrata a partire dall'influenza che Virchow ebbe sull'accademia tramite Max Westenhofer, un prominente patologo suo collaboratore che fu per diversi anni a capo della scuola di medicina dell'Università del Cile a Santiago. Ad assistere alle lezioni di Westenhofer, quando non era espulso dalla scuola a causa della sua militanza politica, c'era, tra gli altri, Salvador Allende. Nonostante l'importanza del pensiero di Virchow sull'operato di Allende come Ministro della Salute e, successivamente, come Presidente, va considerata anche un'altra genealogia della medicina sociale in Cile che pone le radici nella storia delle lotte dei lavoratori cileni all'inizio del XX secolo. Sebbene non rientrassero ancora formalmente sotto la definizione di "medicina sociale", si possono infatti trovare importanti antecedenti alle proposte promulgate da Allende già nelle istanze sollevate dai movimenti operai afferenti alla sinistra radicale, e nelle pratiche di autogestione che organizzarono. Nel 1918 iniziò un periodo molto intenso di attività dei movimenti operai e studenteschi, a partire da uno sciopero nazionale istigato dai lavoratori del salnitro nel deserto settentrionale con l'obiettivo di ottenere migliori condizioni di lavoro, sottolineando gli effetti distruttivi sulla classe operaia di malnutrizione, malattie infettive e mortalità prematura. Le lotte culminarono l'anno seguente con la fondazione della

7   Waitzkin, "One and a Half Centuries of Forgetting and Rediscovering: Virchow's Lasting Contributions to Social Medicine", *Social Medicine*, p. 5-10.
8   Renault, "Biopolitique, médecine sociale et critique du libéralisme", 195-205, p. 203.

95 sezione cilena degli IWW – Industrial Workers of the World, organizzazione sindacale di ispirazione anarchica istituita nel 1905 negli Stati Uniti.

Una delle figure chiave di questo periodo è Juan Gandulfo Guerra (1895-1931) che nel 1922, a ventisette anni, aiutò a fondare e poi diresse il policlinico autogestito dei lavoratori sotto l'egida dell'IWW. Nel policlinico, i lavoratori e le loro famiglie avrebbero potuto "essere curati per le diverse malattie contratte nelle fabbriche e nelle stanze sporche dove sono costretti ad abitare da questo regime corrotto e corruttore".[9] Nelle parole dello stesso Gandulfo, l'autogestione era fondamentale perché la scienza medica era "monopolizzata dal capitale, con conseguenti danni alla maggioranza dell'umanità",[10] mentre al policlinico i pazienti sarebbero stati curati gratuitamente o a prezzi molto bassi. In quel periodo, Gandulfo lavorava come chirurgo pediatrico di giorno e al policlinico dei lavoratori di notte. Si dedicava inoltre alla scrittura e all'illustrazione, e realizzò le incisioni della prima edizione di *Crepuscolario* di Pablo Neruda, di cui era diventato amico nel periodo studentesco. Ricordando quegli anni, in *Confesso di aver vissuto* Neruda scriverà: "la vita sociale cilena era profondamente commossa. Alessandri teneva discorsi sovversivi. Nella pampa di salnitro si organizzavano gli operai che avrebbero dato vita al movimento popolare più importante del continente. Furono i giorni sacrosanti della lotta. Carlos Vicuña, Juan Gandulfo. Io mi sono unito immediatamente all'ideologia studentesca anarco-sindacalista".[11] Gandulfo era studente di medicina nell'Università del Cile di Santiago, quella che pochi anni dopo frequenterà lo stesso Allende. Dirigente della federazione del movimento studentesco, Gandulfo venne espulso dall'università e incarcerato diverse volte a causa delle sue idee anarco-sindacaliste, che diffondeva con convinzione dalle pagine della rivista *Claridad*. In quegli anni Gandulfo era "un simbolo per gli studenti, un eroe per i lavoratori e un pericoloso agitatore e anarchico per il governo".[12]

9   Redazione, "Lucha cotidiana", *Acción Directa*, n. 18, 1922.

10   Unión Local I.W.W. "Resumen General de la labor desarrollada durante el presente año", *Acción Directa*, n. 20, dicembre 1922, p. 5.

11   Pablo Neruda, *Confieso que he vivido*, Ed. Debolsillo, Buenos Aires 2004, p. 319.

12   Ignacio González Ginouves, "El Juan Gandulfo de mis recuerdos", *Anales Chilenos de Historia de la Medicina*, 1962, p. 145-57.

96   L'attività critica e divulgativa di Gandulfo continuò al policlinico grazie alla pubblicazione de *La Hoja Sanidaria*, una rivista finalizzata all'istruzione dei lavoratori sulla salute che toccava temi come l'igiene, l'alimentazione, la qualità dell'aria, l'assistenza all'infanzia, ma anche l'alcolismo, la salute mentale e l'educazione sessuale. È difficile quantificare l'apporto fondamentale che il policlinico diede alla classe lavoratrice nei suoi anni di esistenza, ma è importante specificare come sia il lavoro di autogestione del policlinico sia l'attività svolta con *La Hoja Sanidaria* andassero oltre le finalità prettamente assistenziali: "il lavoro di autogestione era inteso come parte di un processo rivoluzionario che non era disconnesso dal lavoro degli IWW [...]. La figura unificante – costituita da Gandulfo – conferiva al progetto un carattere radicale, finalizzato alla rivoluzione sociale".[13] L'esperienza radicale del policlinico finì nel 1927, quando venne dichiarato illegale dal governo. Pochi anni dopo, nel 1931, Gandulfo sarebbe improvvisamente morto in un incidente stradale. A lui Pablo Neruda dedicò la seconda e definitiva edizione di *Crepuscolario*, che ancora riporta la dedica "A Juan Gandulfo, questo libro d'altri tempi, Pablo".

SALVADOR ALLENDE PATOLOGO E LA VIA CILENA ALLA MEDICINA SOCIALE

Salvador Allende (1908-1973) veniva da una famiglia di radicali e attivisti. Tra i suoi riferimenti politici menziona in diverse occasioni il rapporto che da adolescente coltivò con Juan De Marchi, un anarchico italiano che lavorava come calzolaio a Valparaiso, che gli prestava libri sul marxismo e gli insegnò a giocare a scacchi. Una volta laureato in chirurgia, Allende non riuscì a trovare lavoro a causa delle sue posizioni politiche progressiste, che lo portarono, nel 1933, a co-fondare il Partito Socialista Cileno. L'unico impiego che trovò fu come assistente patologo nell'obitorio dell'ospedale di Van Buren: "mi guadagnavo il pane infilando le mani nel pus, nei tumori e nella morte"[14]

13   Fabián Pavez Reyes, "Experiencias autogestionarias en Salud: El legado de Juan Gandulfo", *Revista Médica de Chile*, n. 137, 2009, p. 426-32.

14   Allende Senate Debates (ASD), Sessione 65a, 12 marzo 1968, citato in Victor Figueroa Clark, *Salvador Allende. Revolutionary Democrat*, Pluto Press, New York 2013, 36.

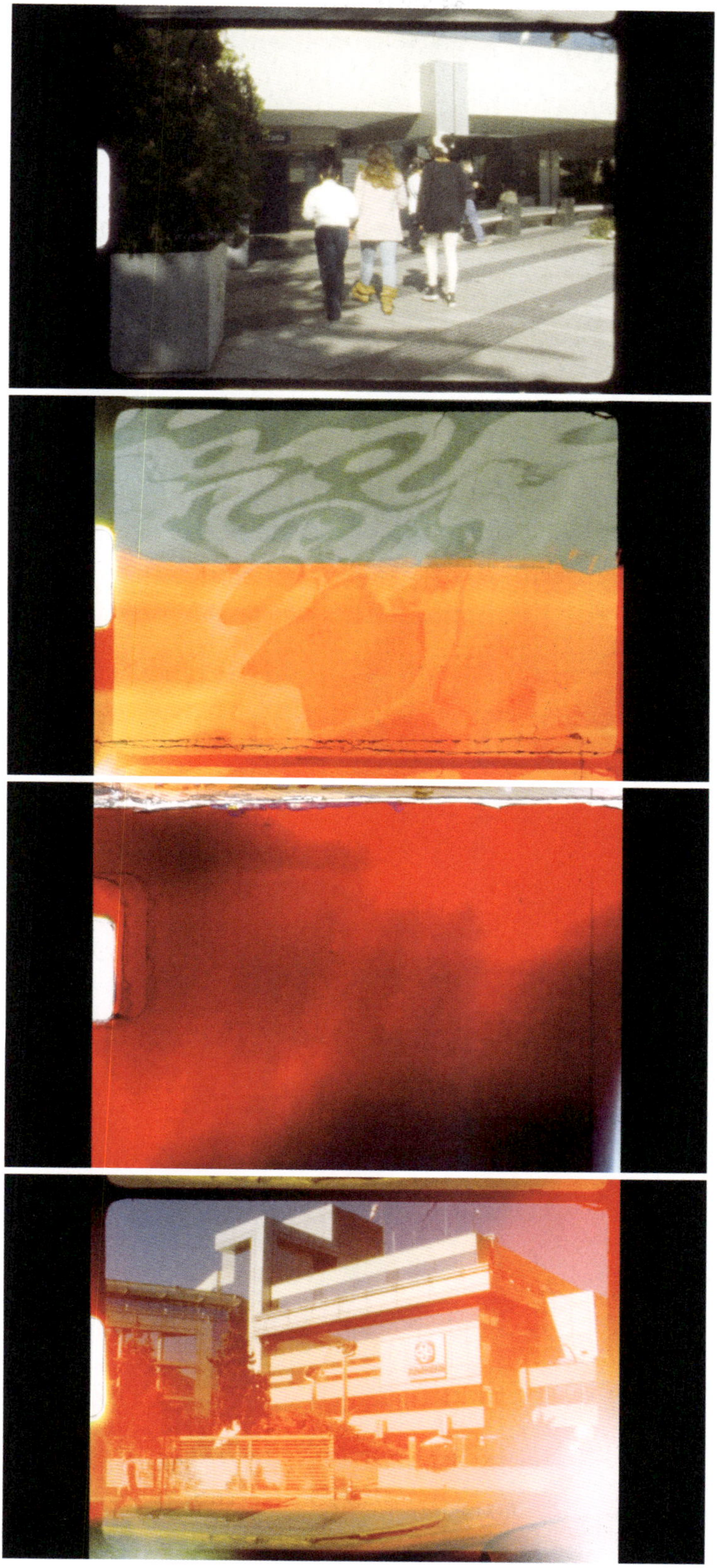

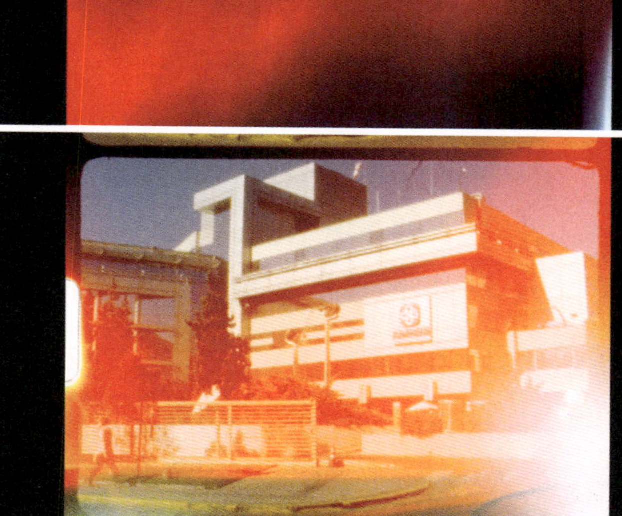

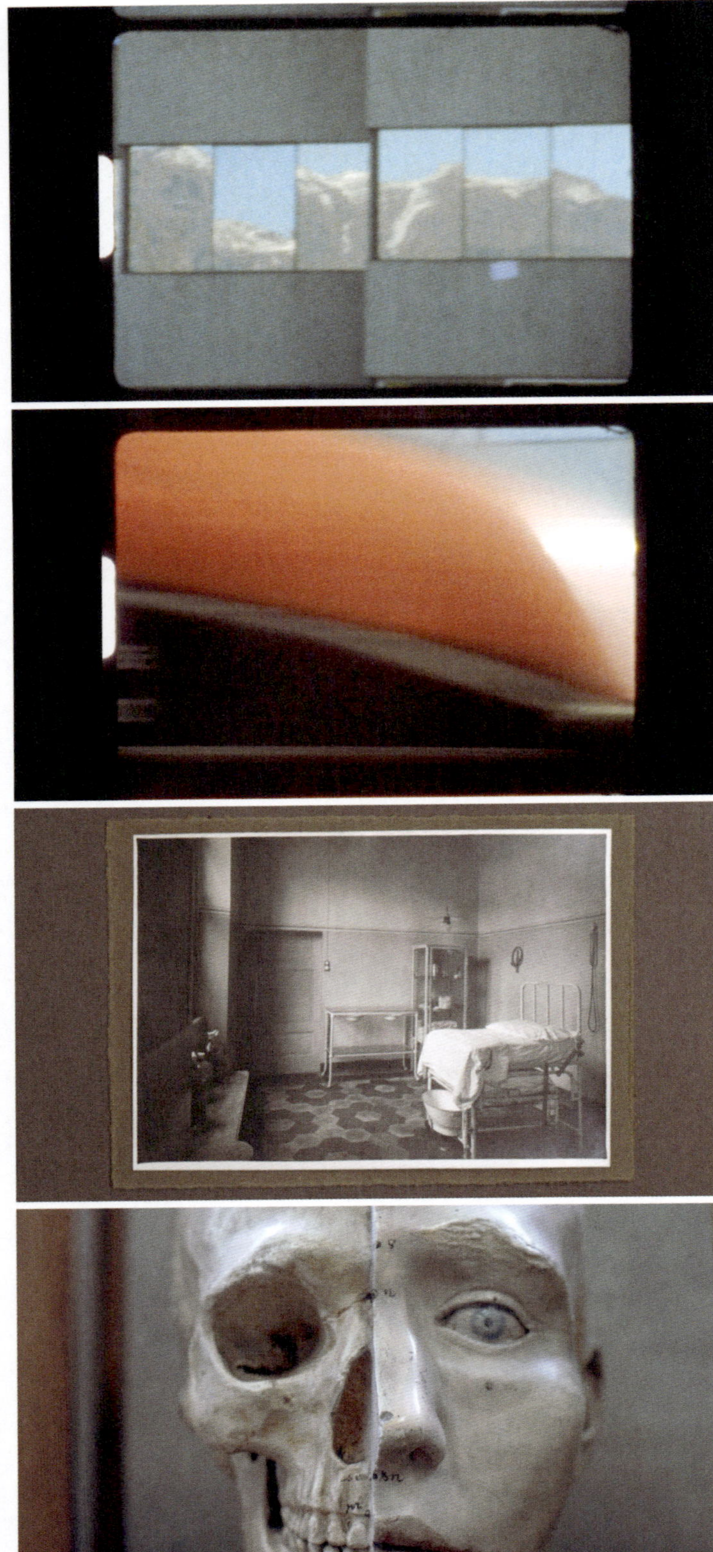

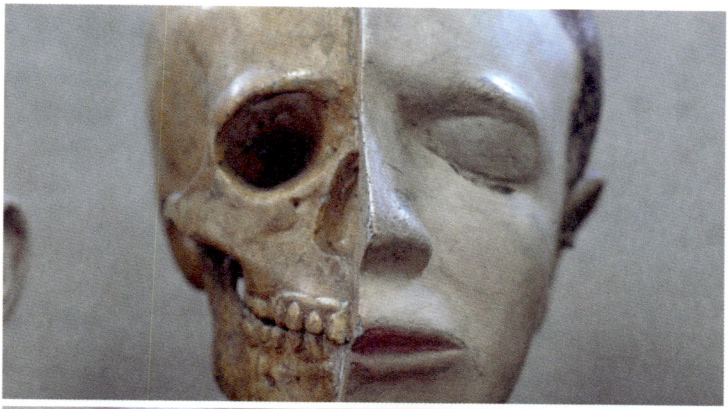

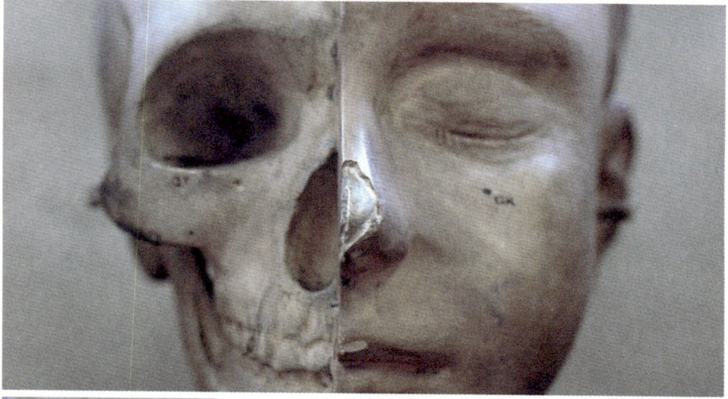

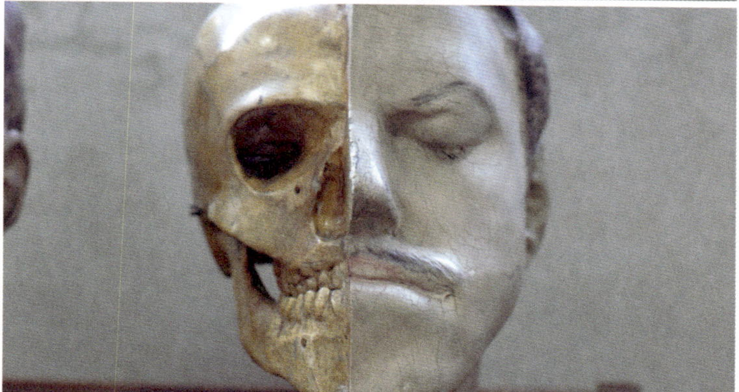

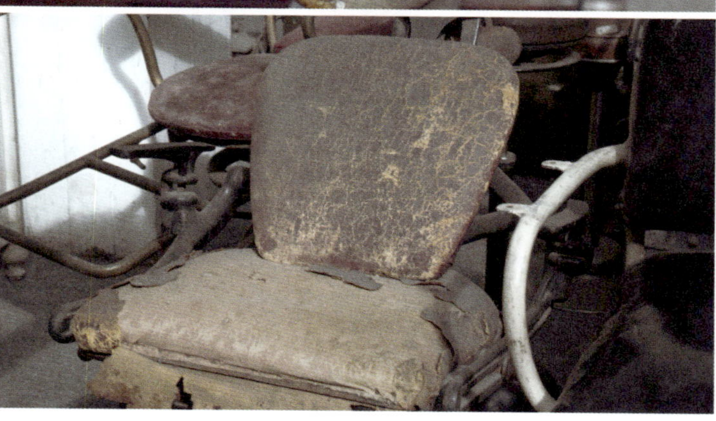

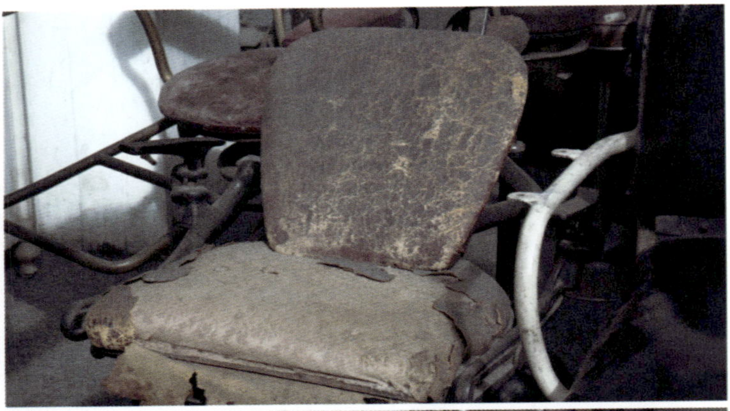

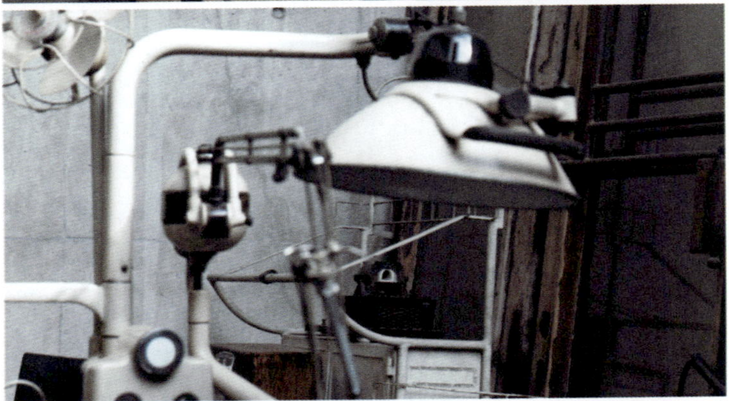

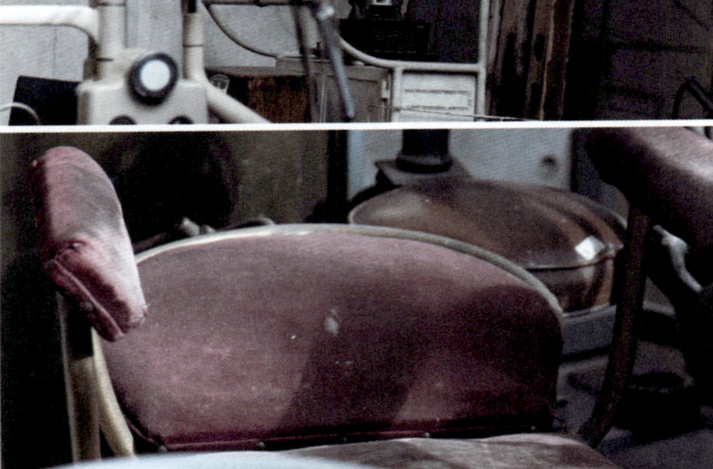

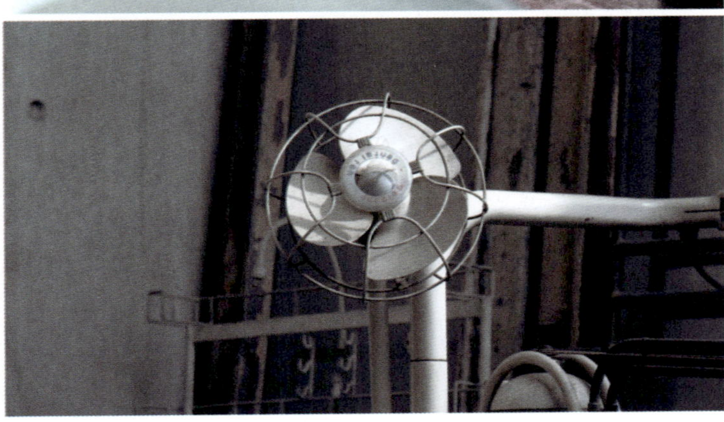

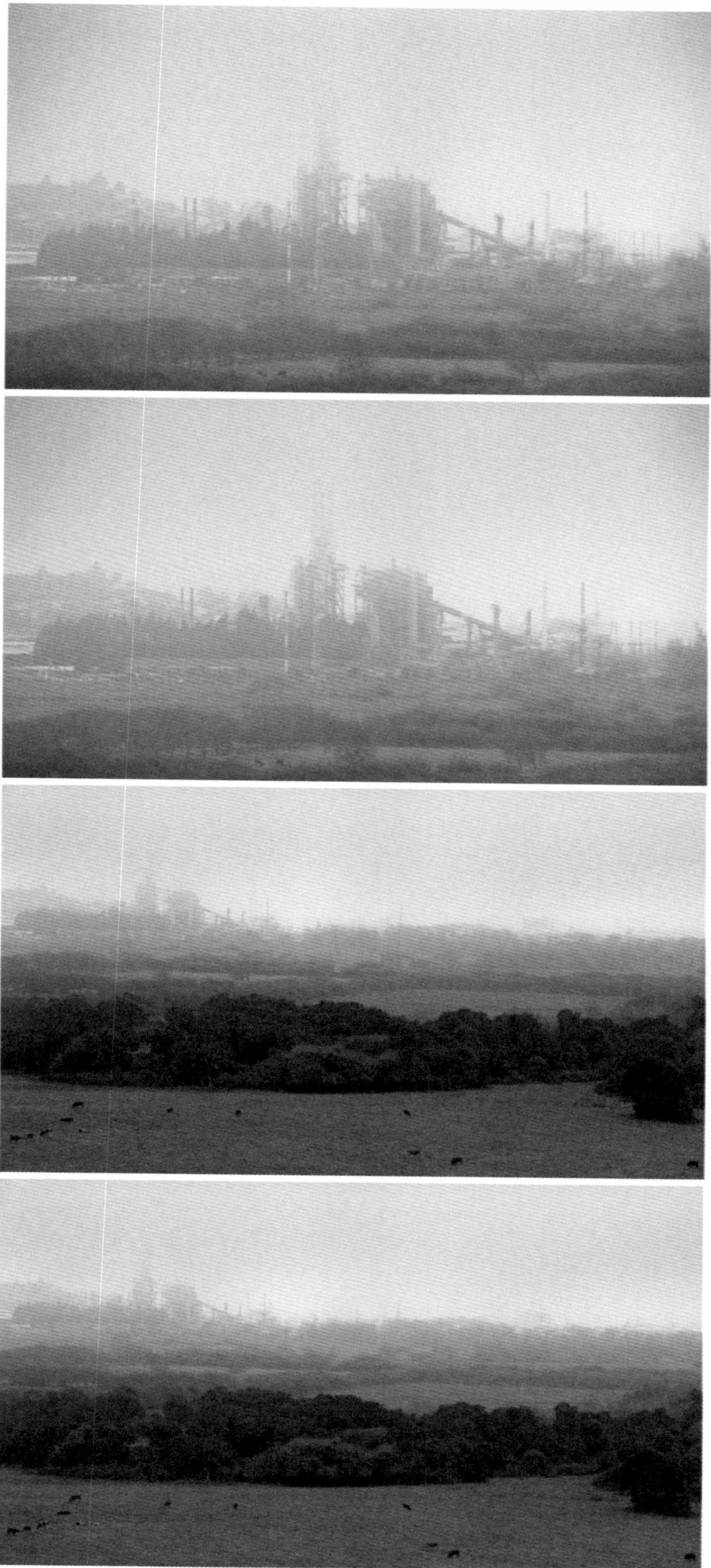

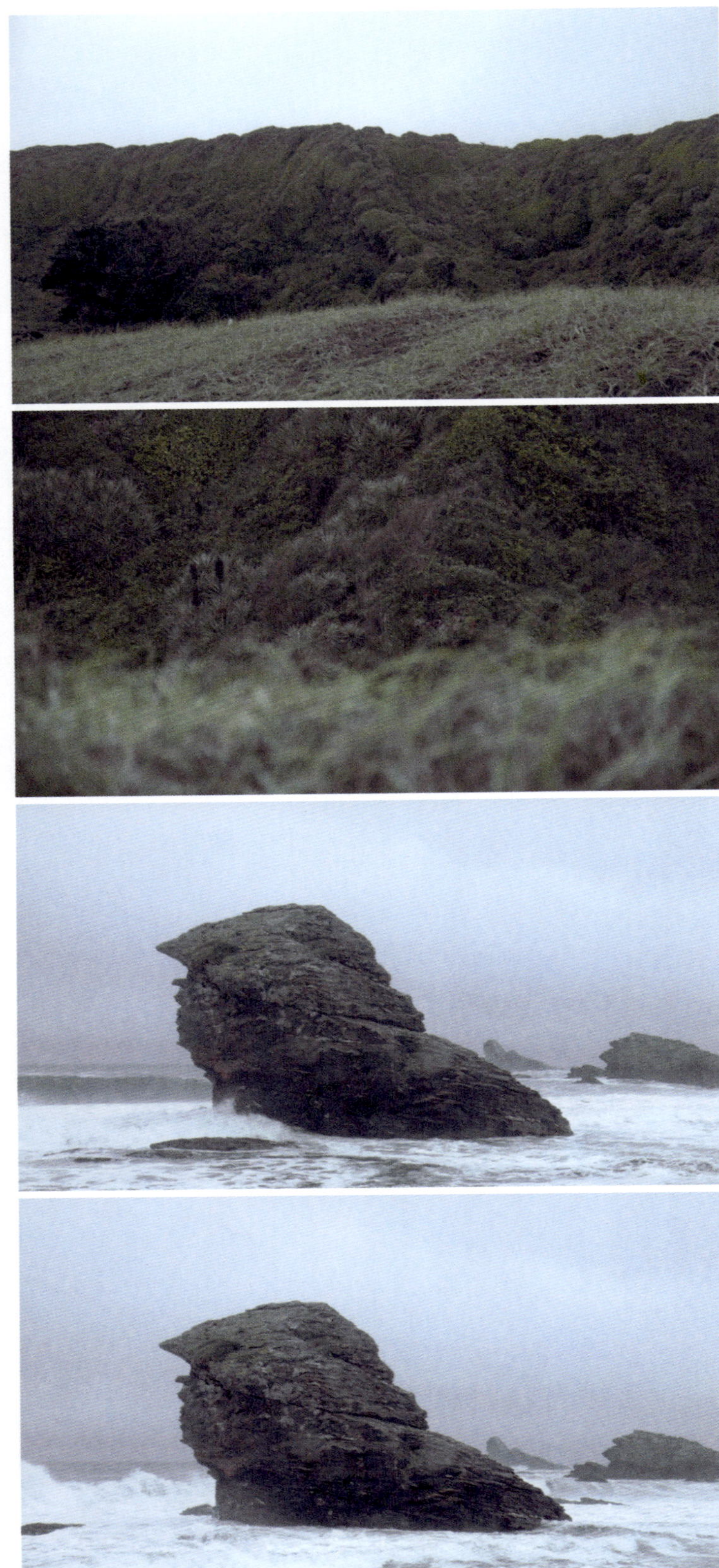

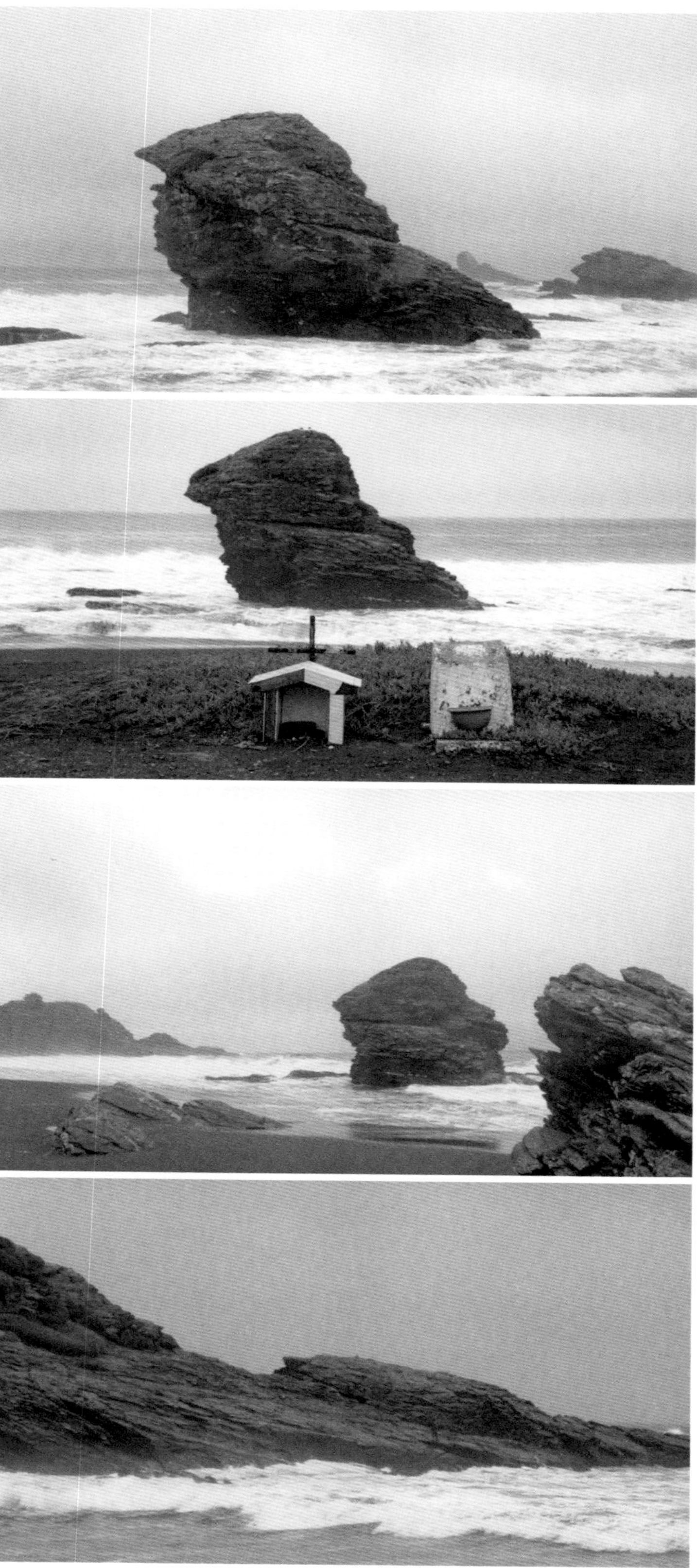

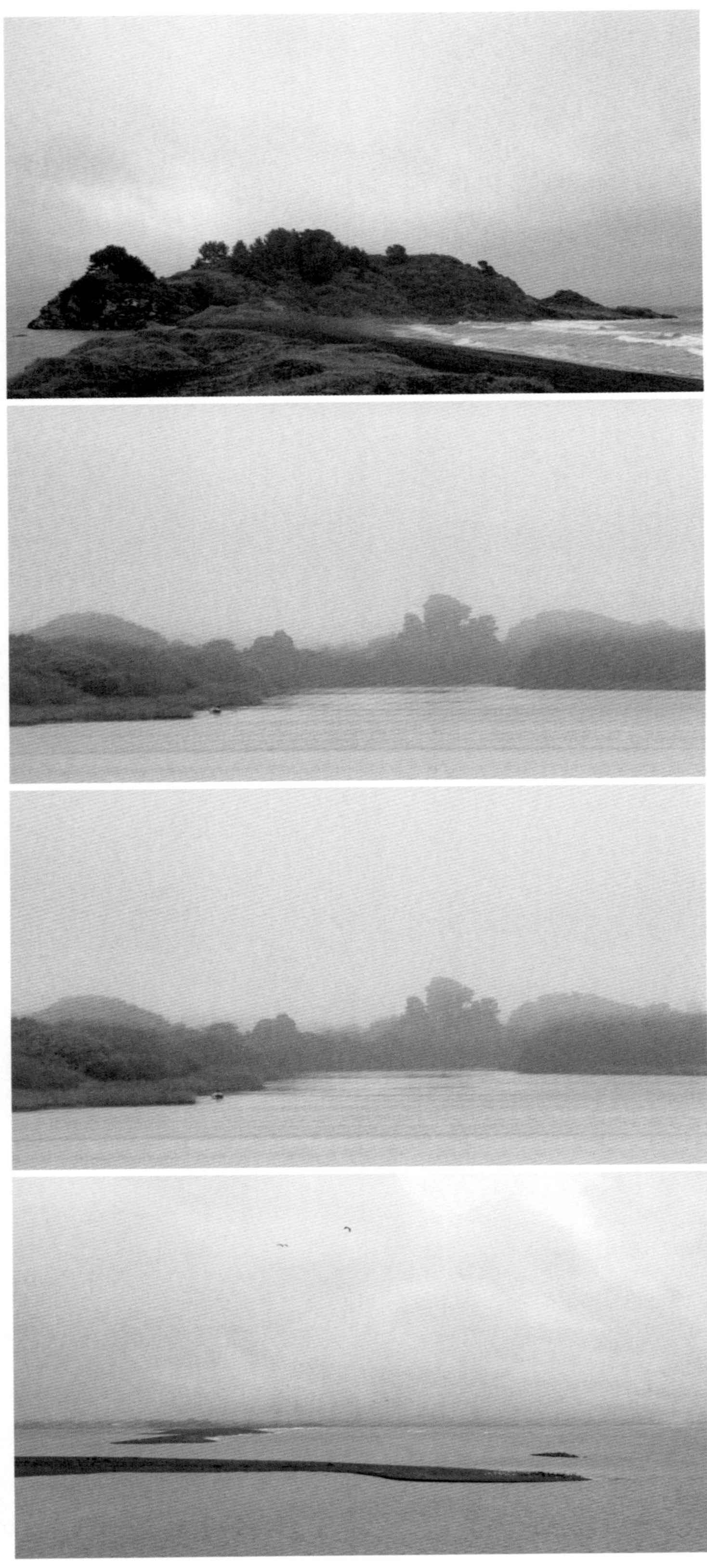

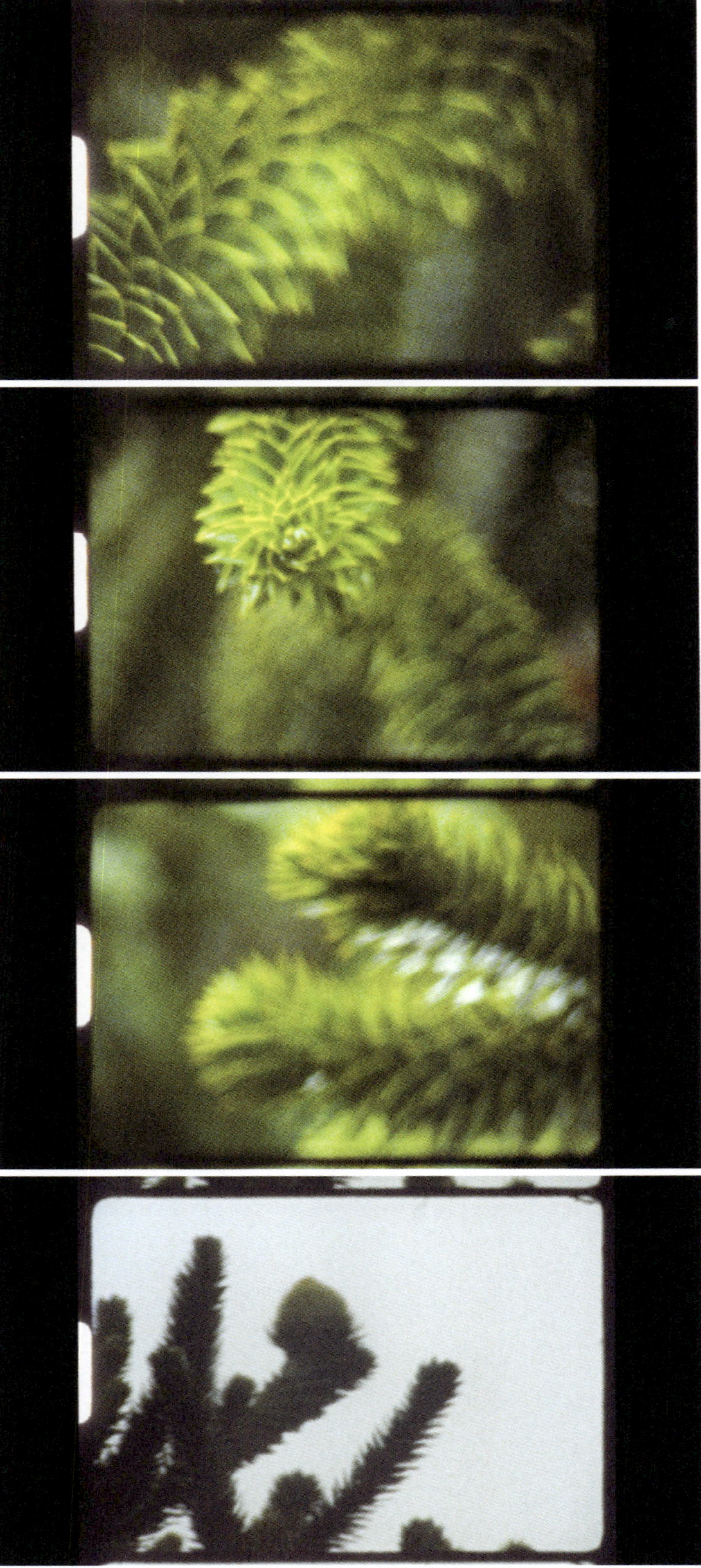

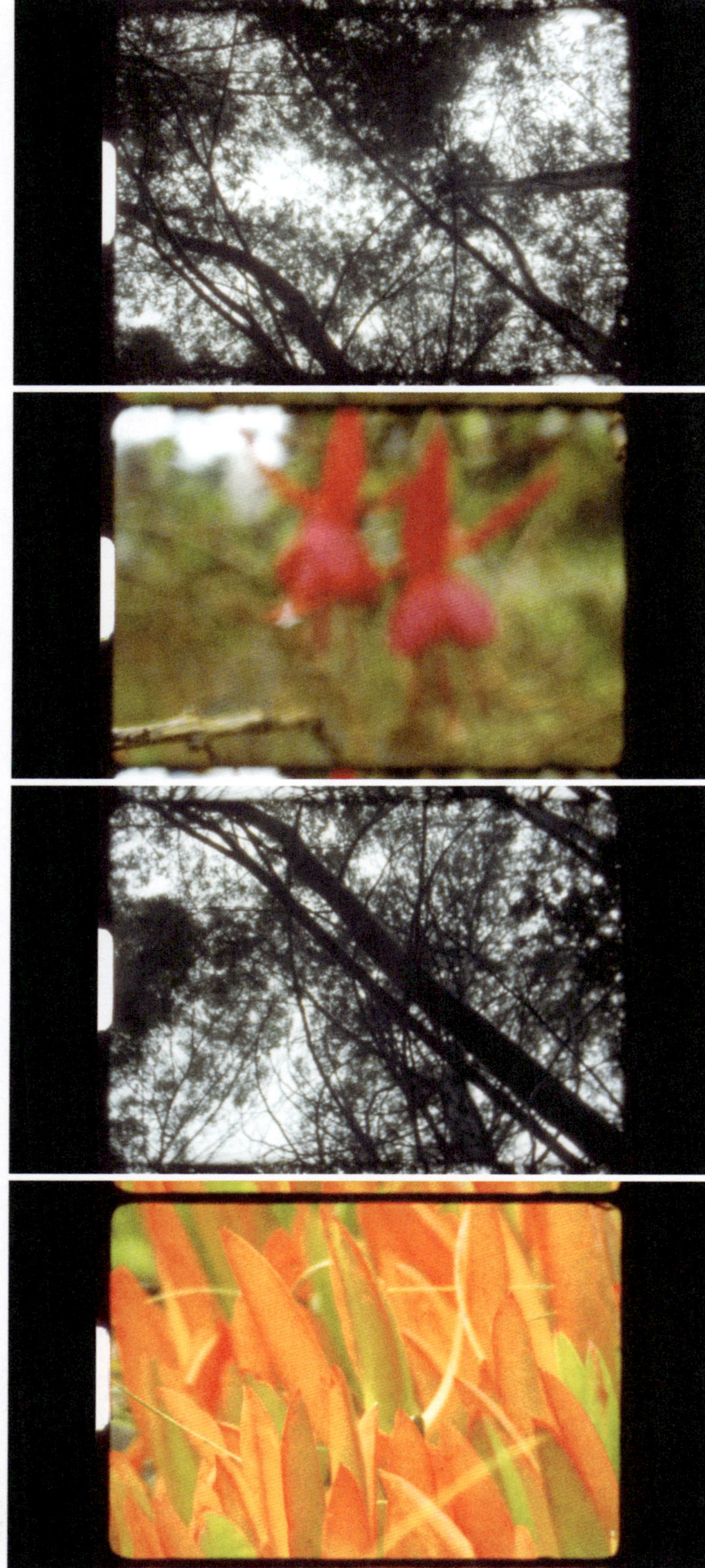

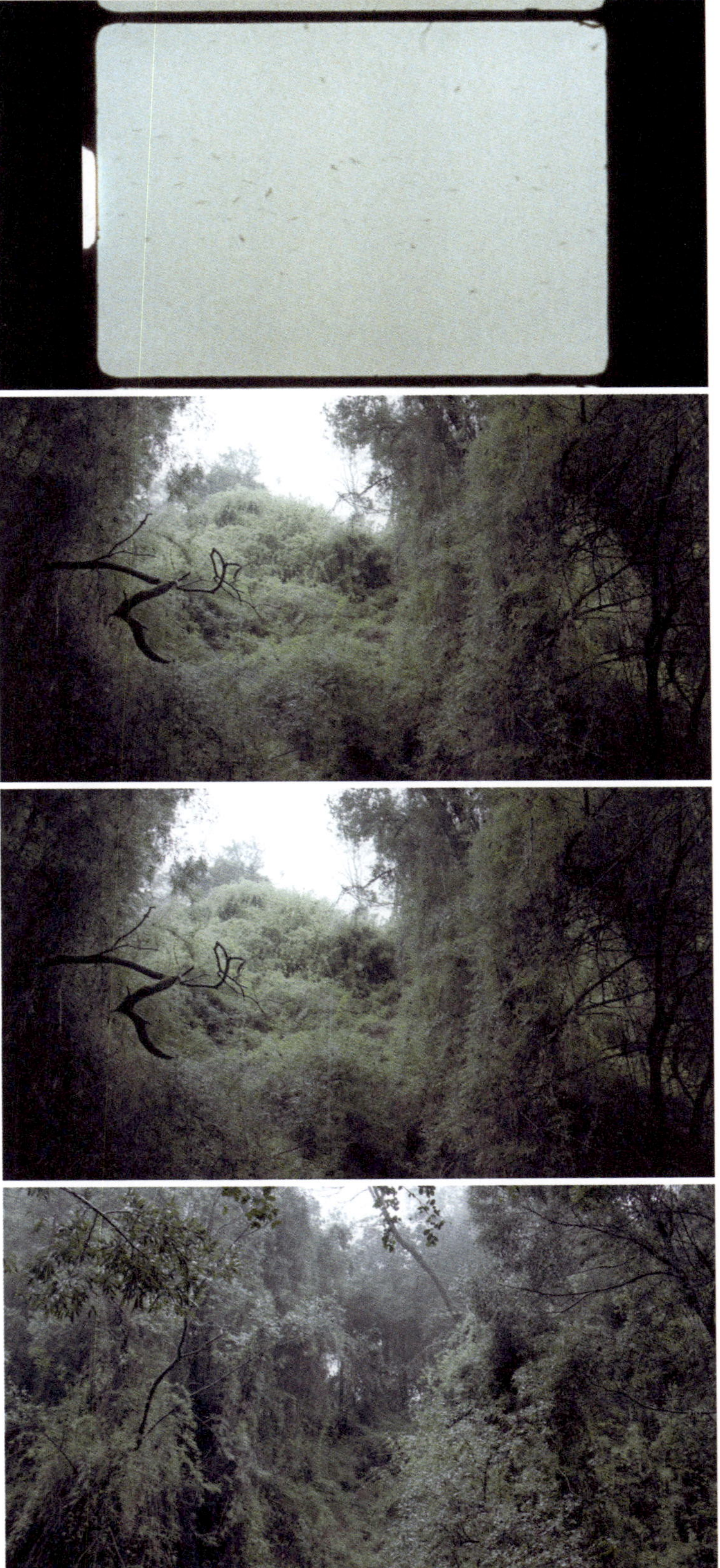

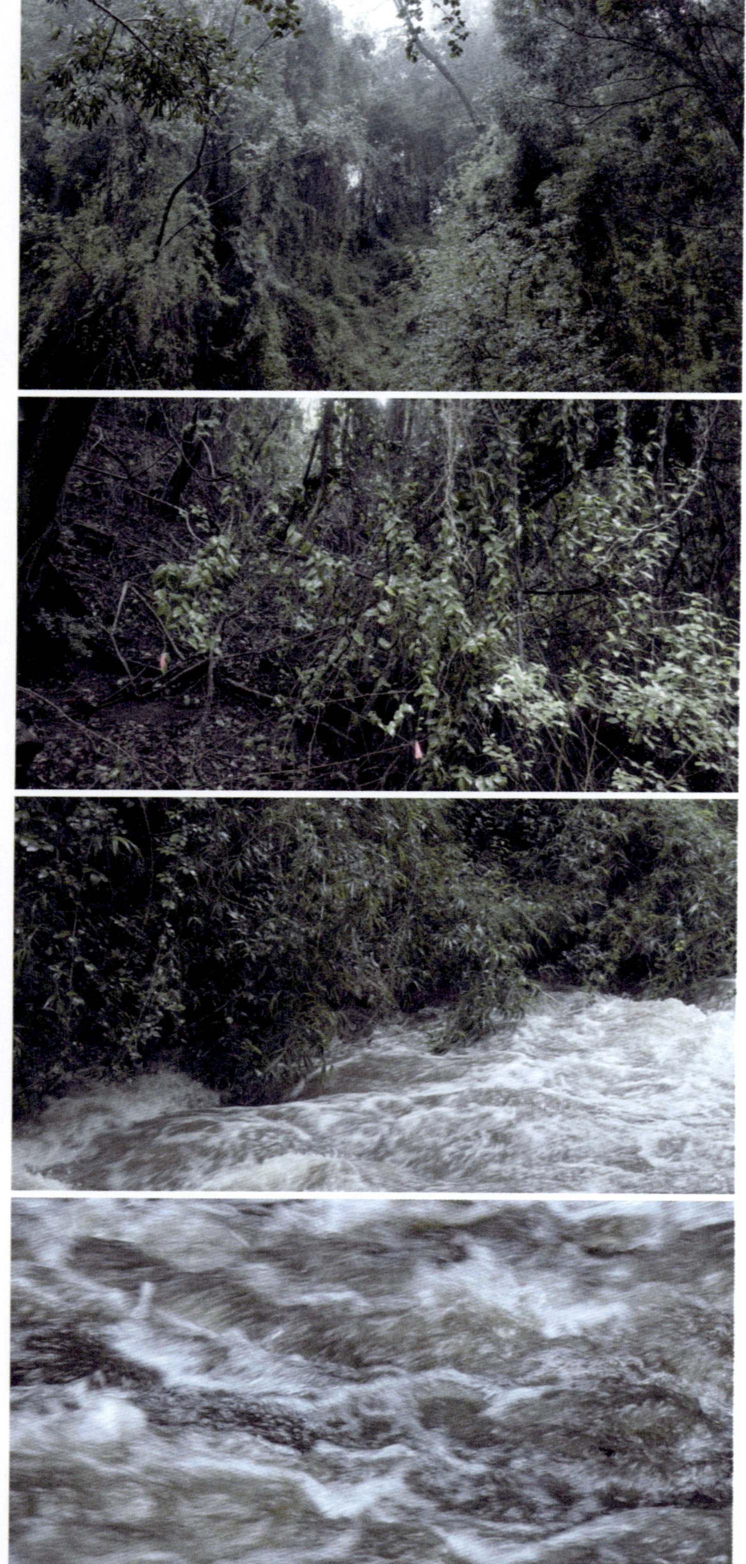

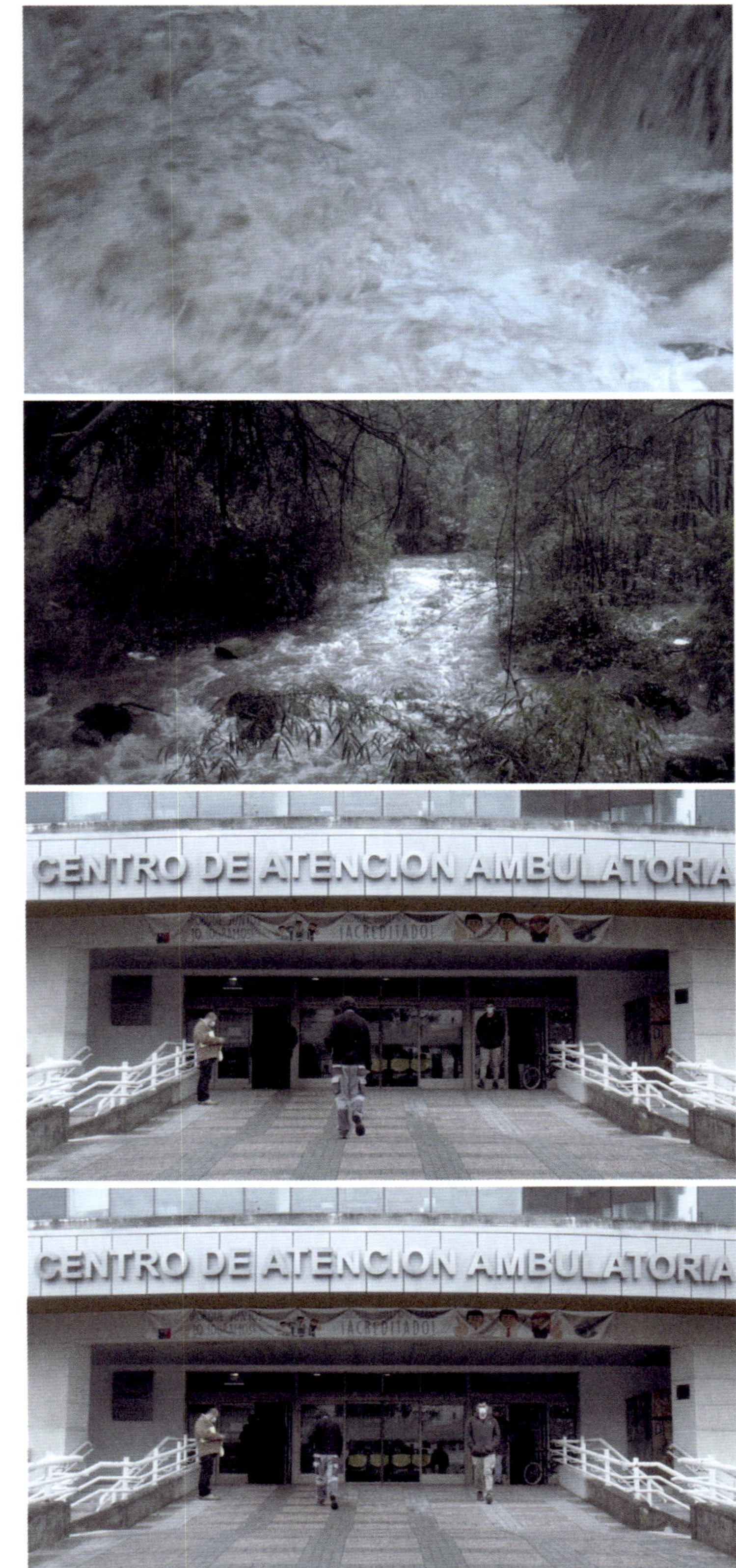
CENTRO DE ATENCION AMBULATORIA
¡ACREDITADO!

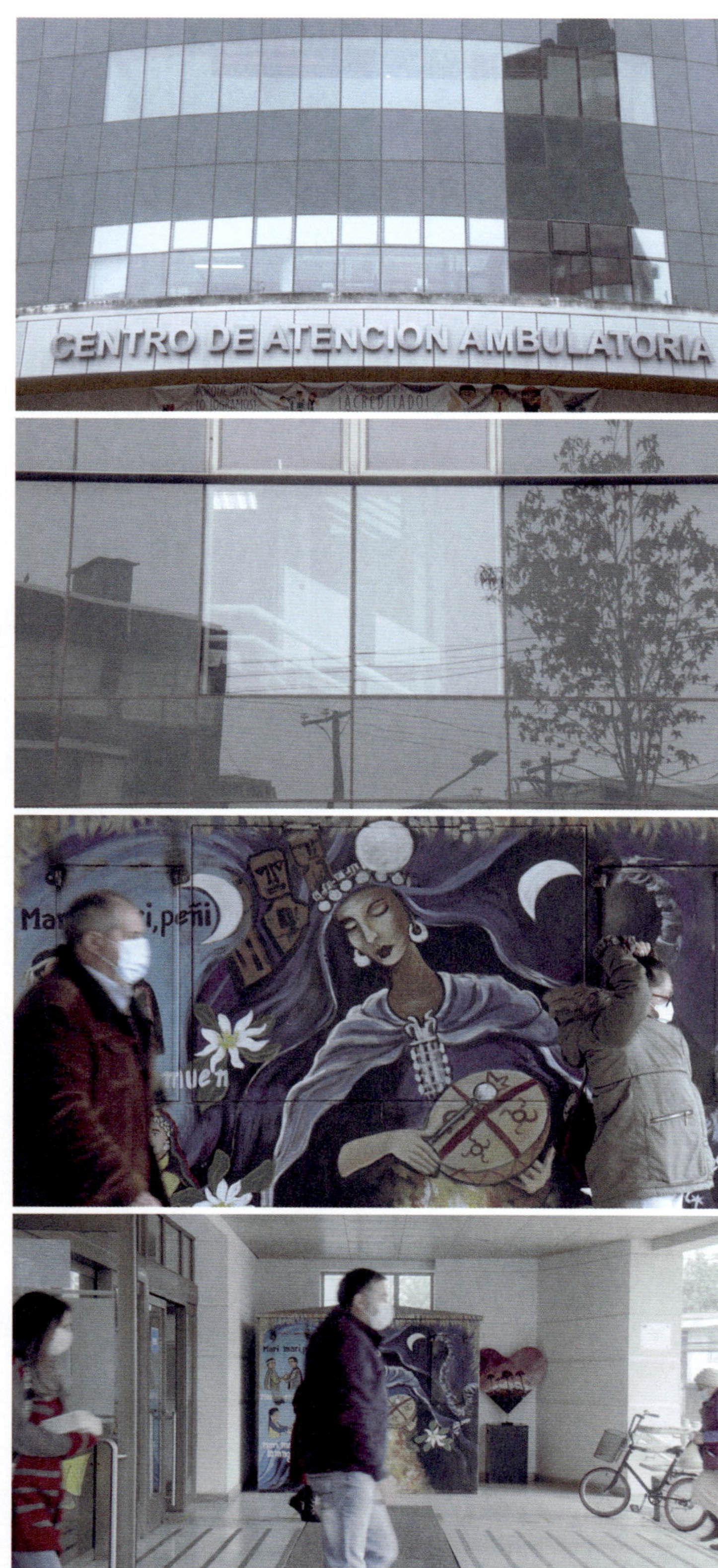

CENTRO DE ATENCION AMBULATORIA
Mari mari, peñi
¡ACREDITADO!

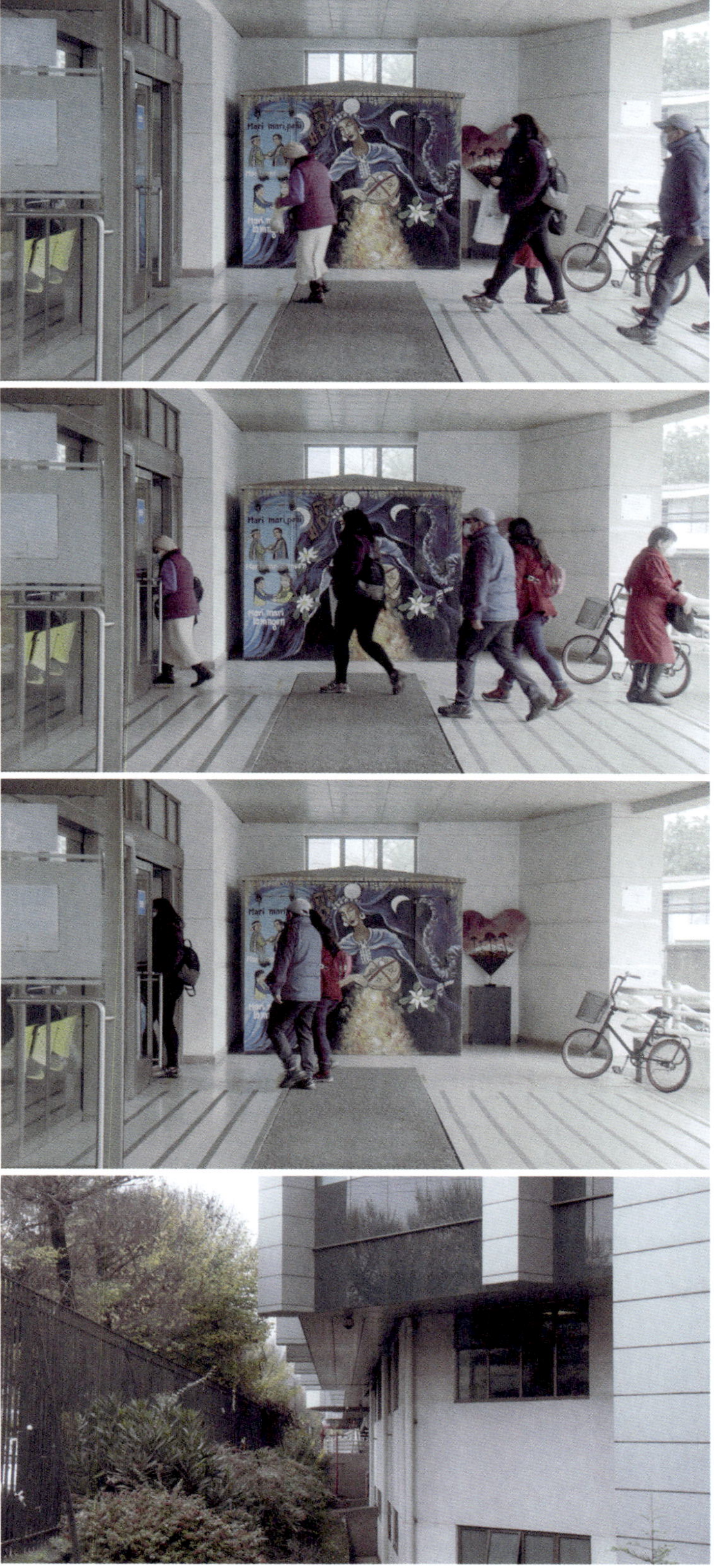

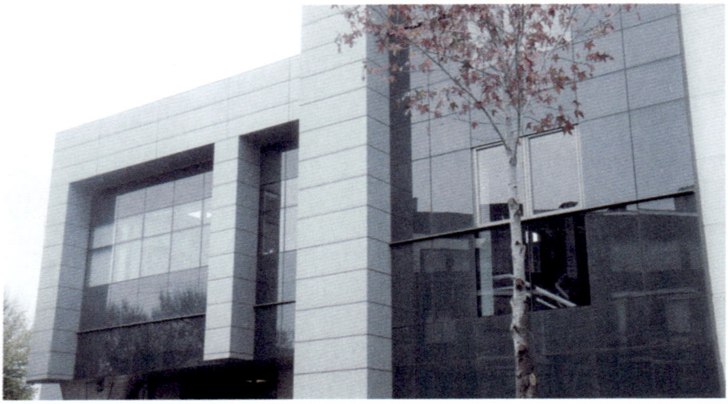

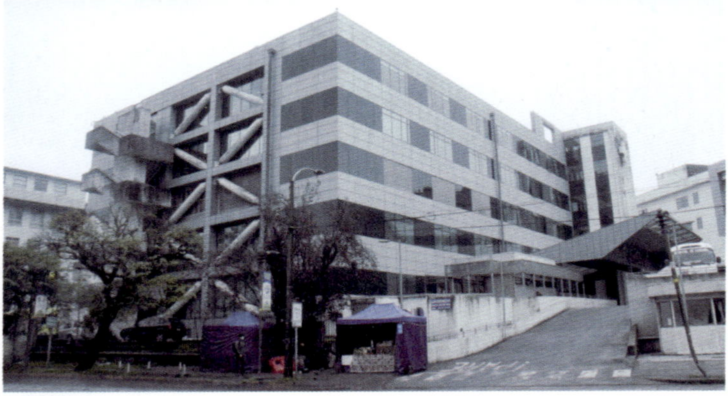

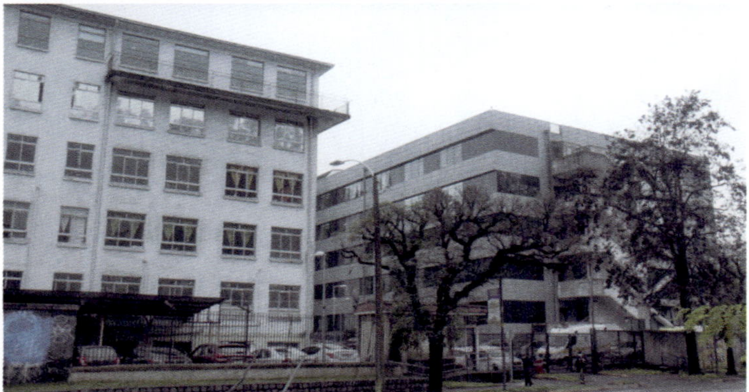

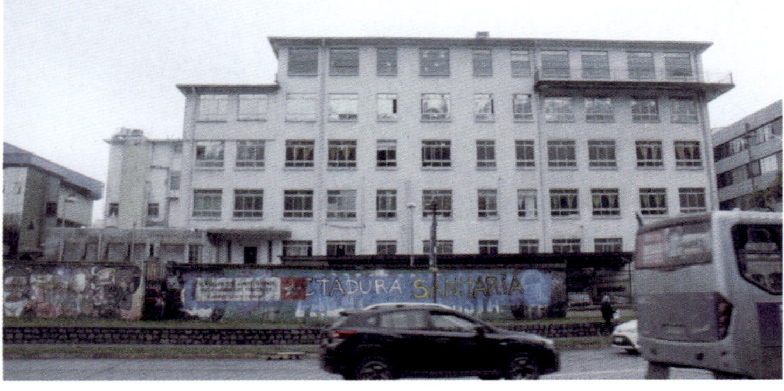

ricorderà più avanti Allende, raccontando come quel lavoro gli avesse dato un'esperienza diretta delle drammatiche condizioni sociali del paese.

Quando nel 1939 Allende, trentunenne, venne nominato Ministro della Salute, pubblicò *La Realidad Médico-Social Chilena*. Nel libro, Allende analizza la malattia come un disturbo incentivato da condizioni sociali svantaggiate, focalizzandosi specialmente sulle condizioni di vita della classe operaia. Invoca il miglioramento della salute dei cittadini come un fine di per sé, scagliandosi contro il miglioramento della sanità pubblica come mezzo per ottenere una forza di lavoro più produttiva, sempre sotto il giogo del capitale estero. Tra le altre cose, Allende analizza gli effetti che le condizioni di sottosviluppo e dipendenza internazionale hanno sulla salute dei cittadini, focalizzandosi sui processi produttivi e sul debito estero. Sottolinea poi come la densità abitativa sia una delle cause principali delle malattie infettive, si sofferma sulle differenze tra i prezzi dei farmaci generici e di marca puntando il dito contro l'industria farmaceutica, tratta temi di interesse sociale come le malattie sessualmente trasmissibili e l'aborto illegale. Propone quindi una serie di azioni che getteranno le basi della sua attività politica da quel momento fino alla sua tragica morte nel 1973, nel sanguinoso colpo di stato realizzato da Augusto Pinochet con il supporto degli Stati Uniti. Tra le proposte di Allende spiccano la fondamentale ridistribuzione della ricchezza nazionale, la regolamentazione statale della fornitura di cibo e vestiti, un programma di soluzioni abitative statale, e una intensa campagna di alfabetizzazione negli strati sociali più poveri della popolazione.

Non è possibile qui approfondire tutti gli interventi di riforma medica e sociale che Allende promosse nella sua vita politica. Basti ricordare la legislazione che introdusse da senatore negli anni Cinquanta per creare il sistema sanitario nazionale (il primo programma nazionale nelle Americhe a dare accesso universale ai servizi), la costruzione di ospedali e strutture sanitarie nelle zone più povere del Paese, l'istituzione di consigli d'amministrazione popolari, da affiancare legalmente a quelli regolari al fine di democratizzare le gestione dell'infrastruttura medica nazionale. Nei suoi tre anni di mandato come Presidente della controversa "via cilena al socialismo democratico" va ricordata la costante implementazione di tutele sociali, come l'introduzione di un salario minimo garantito per i lavoratori di ogni categoria

e fascia d'età, l'estensione dei diritti di rappresentanza sindacali, la fondazione di un'organizzazione specifica a tutela dei
diritti delle donne, l'aumento programmatico dei salari e delle
pensioni, la riduzione del prezzo degli affitti, la distribuzione
gratuita di cibo ai cittadini più indigenti.[15]

LA MEDICINA SOCIALE COME STRUMENTO

Il regime di Pinochet concluse violentemente il "periodo
d'oro" della medicina sociale in Cile. Gli esponenti della disciplina nel paese vennero duramente repressi, destino che
hanno subito in molti altri stati latino-americani dal secolo
scorso fino alla contemporaneità.[16] Uno dei nodi che rende la
medicina sociale così importante e perseguitata nel contesto
latino-americano è il suo nesso indissolubile con gli interessi
macro-economici che da secoli si susseguono sul territorio.
La sanità pubblica, che tende a definire aritmeticamente le
popolazioni come una somma di individui a cui somministrare
cure farmacologiche, è storicamente connessa in diversi stati
dell'America Latina alle iniziative portate avanti da organiz-
zazioni internazionali, finalizzate a migliorare la salute dei
lavoratori per aumentare la produttività delle corporazioni
multinazionali sul territorio, secondo una ricetta di stampo
imperialista già testata in diversi ambiti coloniali dal XIX
secolo in poi.[17] La tesi della medicina sociale, al contrario,

15 È diventata celebre la garanzia di mezzo litro di latte giornaliero
per ogni bambino cileno sotto ai quattordici anni, una delle
poche misure di Allende che non furono destituite dal regime
di Pinochet.

16 Per un'analisi estensiva dei diversi esiti della medicina sociale
in America Latina rimando a: Howard Waitzkin, Celia Iriart,
Alfredo Estrada, Silvia Lamadrid, "Social Medicine Then and
Now: Lessons From Latin America", *American Journal of Public
Health* 91, 2001, p. 1592-1601.

17 L'esempio più noto è sicuramente la Rockefeller Foundation.
Per approfondire rimando a E. Richard Brown, "Public Health
in Imperialism: Early Rockefeller Programs at Home and
Abroad", *American Journal of Public Health*, settembre 1976,
p. 897-903; Anne-Emmanuelle Birn, "Public Health or Public
Menace? The Rockefeller Foundation and Public Health in
Mexico, 1920–1950", *Voluntas* 7, 1996, p. 35-56.

è che le popolazioni vadano approcciate nella loro totalità, secondo criteri sociali qualitativi che trascendono quelli del singolo per tenere conto della cultura, classe sociale, tipologia di riproduzione della comunità a cui decide di appartenere. Ne consegue che, in America Latina, cause apparentemente lontane dalla medicina, come la lotta per l'indipendenza dallo sfruttamento internazionale e l'obiettivo dell'autodeterminazione dei popoli indigeni, siano indissolubilmente collegate alla medicina sociale. Per questo, l'ambito della medicina sociale non è solo un filtro privilegiato attraverso cui analizzare le forme di sfruttamento neocoloniale che hanno luogo tutt'oggi in America Latina, è anche uno strumento fondamentale per leggere la contemporaneità globale e imparare, da figure e storie alle volte dimenticate, quali pratiche di resistenza possono essere implementate per combattere le diseguaglianze sociali e le profonde forme di sfruttamento che l'attuale emergenza sanitaria ha messo ancora più tragicamente in evidenza.

POLITICS IS NOTHING ELSE BUT MEDICINE
ON A LARGE SCALE.
INTRODUCTION TO SOCIAL MEDICINE,
FROM SILESIA TO CHILE

World Suicide Prevention Day is an initiative of the World Health Organization aimed at raising public awareness on the subject of mental health. September 10, 2020 was the first suicide prevention day since the beginning of the COVID-19 pandemic, a period in which it is estimated that the number of suicides in the world has grown exponentially. While the official communication of the organizers of the event turned around slogans like "Working together to prevent suicide" and "Prevention of suicide is everybody's business," a tweet that put forward a radically different viewpoint has been shared by thousands of users:

"It's suicide prevention month and just a reminder that
      – affordable housing is suicide prevention
      – livable wages are suicide prevention
      – universal healthcare is suicide prevention"[1]

The tweet candidly draws attention to a concept: the right to health of individuals is strongly influenced by the structure of the society in which they live, which determines who has the privilege of access to mental health and who does not. In addition to effectively summing up some of the factors that have the greatest influence on the suicide rate at a global level, the user @bignaturals brought the focus of discussion back onto the political responsibilities that underlie the phenomenon of suicide, which had been pushed into the background in the publicity for the event. Exemplary, in this sense, is the official brochure of the initiative, in which the task of preventing suicide is spread over a long list of actors, a list on which political and governmental institutions, the principal guarantors of the continuation of the forms of social inequality referred to above, appear only in the last place, after—in this order—family, friends, co-workers, community

1   Tweet from the user @bignaturals on September 9, 2020.

members, educators, religious leaders, and healthcare professionals.[2]

The link between the clinical health of individuals and the macro-dynamics of a social and political character in which they are immersed is a theme that has been explored by over a century and a half of medical and philosophical literature. From the projects for public health reform of the second half of the 19th century through much of the writings of Michel Foucault and all the way up to more recent attempts at a biopolitical investigation of the current health emergency, it can be seen that citizens' right to health has long been a fundamental terrain on which the negotiation with techniques for the exercise of power is played out. "Tell me how your community constructs its political sovereignty and I will tell you what forms your plagues will take and how you will confront them," declares Paul B. Preciado in his recent article "Learning from the Virus,"[3] going on to suggest that the spread of the pandemic, like the mechanisms of inclusion and exclusion that its management entails, should be analyzed from a sociopolitical perspective as well as a strictly biological one.

An important role in the development of these themes has been played by the field of "social medicine," often omitted from contemporary discourse owing to the difficulty in defining it, as a result of the divergent connotations that the term has acquired over time. The concept first emerged in the context of the aspirations of the uprisings against absolutist regimes in 1848, laying claim to the need for radical social change for the weakest classes of the population, who were living in a condition of poverty and oppression. The main argument of the promoters of this discipline was that "the improvement of medicine would eventually prolong human life, but improvement of social conditions could achieve this result even more rapidly and successfully."[4] A later

POLITICS IS NOTHING ELSE
BUT MEDICINE ON A LARGE SCALE

2   Official brochure of the International Association for Suicide Prevention, published on September 10, 2020: https://www.iasp.info/wspd/pdf/2020/2020_wspd_brochure.pdf.

3   Paul B. Preciado, "Learning from the Virus," trans. Molly Stevens, *Artforum* (May/June 2020): https://www.artforum.com/print/202005/paul-b-preciado-82823.

4   Howard Waitzkin, "One and a Half Centuries of Forgetting and Rediscovering: Virchow's Lasting Contributions to Social Medicine," *Social Medicine* (2006), 5–10.

current of thought, initiated by Foucault, would see in the development of social medicine at the state level the construction of a perfect framework for the strategic medicalization of questions of a political nature on the part of liberalist and then neoliberal governments. In this view, the rhetoric of social medicine offered a formal legitimization of the techniques by which those in power still standardize, control and exploit the life of citizens today.[5] The definition of social medicine is further complicated by the fact that it is a discipline still practiced and undergoing continual evolution, whose meaning overlaps in part today with the institutionalized one of "public health," something that is misleading with respect to the libertarian and fundamentally revolutionary intent with which the term had been coined.

In response to the contradictions and gaps in this genealogy, the sections that follow set out to introduce three figures drawn from the history of social medicine, with specific attention to their relevance to the Chilean context. An examination of the original formulation of the concept of "social medicine" on the one hand, and analysis of the way it has been put into practice in Latin America—and especially in Chile—on the other, can in fact shed light on the historical legacy of this concept, and provide means that can be used to broaden the established discourse on the struggle between techniques of government and right to health. The biographies and stories that follow, far from being exhaustive with regard to the complex history of social medicine and its development in Chile, offer small samples drawn from three different periods of that history, throwing light on the experience of figures unjustly relegated to an accessory role in the contemporary debate.

RUDOLF VIRCHOW, SPOTTED FEVER, AND THE BIRTH OF SOCIAL MEDICINE

In 1848, the twenty-seven-year-old Rudolf Virchow (1821–1902), at the time professor of pathological anatomy at the University of Berlin, was asked by the Prussian government to carry out

5   It is no coincidence that it was in the essay "The Birth of Social Medicine" (1977) that Foucault first used the term "biopolitics." For an examination of Foucault's at times superficial analyses of social medicine, see Emmanuel Renault, "Biopolitique,

an investigation into the cause of an epidemic of spotted fever that had broken out in Upper Silesia. In his report, Virchow argued that the cause of the outbreak of this form of typhus was not linked to the climate, as was thought at the time, but to the precarious socioeconomic status of the local community, made up chiefly of miners and weavers, which lived in extreme poverty and deplorable sanitary conditions and under the control of an authoritarian and repressive state. Virchow insisted that the epidemic could not be halted by treating individual patients with pharmacological therapies, but only through radical action that would involve the whole of society. Among the "methods of treatment" he included economic prosperity, extension of access to education, and transition to democracy. The government removed him from his post at once, demoting him to the role of assistant prosector, responsible for carrying out autopsies and preparing cadavers for anatomy lessons. Virchow's analysis introduced themes that would have revolutionized forever the relationship between medicine, governance, and civil rights. It is to his work, along with that of others linked to the Springtime of the Peoples, as the Revolutions of 1848 are sometimes called, that we owe the idea that illness should be analyzed in multicausal terms, that its causes are inseparable from the socioeconomic context in question and that the state and medicine have to work together to ensure the health of the population, one of the inalienable rights of every citizen. Whence his maxim: "Medicine is a social science, and politics is nothing else but medicine on a large scale."[6]

Thus social medicine emerged initially as a radical movement of political pressure that denounced the inadequacy of the methods adopted by traditional medicine, accustomed to administering health through the logic of the sanitary police, and pointed the finger at the social injustices perpetrated by the Prussian government on the weakest sections of the population. In his eighty years of life, during which he not only published over two thousand scientific papers but won a seat in the German

POLITICS IS NOTHING ELSE
BUT MEDICINE ON A LARGE SCALE

médecine sociale et critique du libéralisme," *Multitudes* 4, no. 34 (2008), 195–205.

6   Rudolf Virchow, *Mitteilungen über die in Oberschlesien herrschende Typhus-Epidemie* (Berlin: Reimer, 1848), 34. Unless otherwise noted, original texts in this essay are rendered in English by the translator.

parliament in 1880, Virchow actively supported the establishment of a medical system for the poor and for workers, as a coherent part of a political program of reduction of social inequalities through state intervention. "Is it not clear that our struggle is a social one, that our job is not to write instructions to upset the consumers of melons and salmon, of cakes and ice cream, in short, the comfortable bourgeoisie, but is to create institutions to protect the poor, who have no soft bread, no good meat, no warm clothing, and no bed, and who through their work cannot subsist on rice soup and camomile tea . . . ? May the rich remember during the winter, when they sit in front of their hot stoves and give Christmas apples to their little ones, that the shiphands who brought the coal and the apples died from cholera."[7] Foucault described social medicine as one of the means through which neoliberal governmentality took possession of the medical field as a technique for the control and exploitation of individuals. It should be remembered that the sense with which social medicine was born was the diametrical opposite of this. In the words of Emmanuel Renault, "it cannot be ignored that social medicine gave rise to one of the most effective and radical critiques of the normative principles of liberalism."[8]

JUAN GANDULFO GUERRA AND THE SELF-MANAGED POLYCLINIC OF THE INDUSTRIAL WORKERS OF THE WORLD

The starting point for the history of social medicine in Chile is often taken as the influence that Virchow had on the country's institutions of higher learning though Max Westenhofer, a prominent pathologist and his collaborator who was for several years the director of the school of medicine at the University of Chile in Santiago. Among those who attended Westenhofer's lectures, when not excluded from the school because of his political militancy, was Salvador Allende. Despite the important influence that Virchow's ideas had on Allende's actions first as minister of

7   Waitzkin, "One and a Half Centuries of Forgetting and Rediscovering: Virchow's Lasting Contributions to Social Medicine," 5–10.

8   Renault, "Biopolitique, médecine sociale et critique du libéralisme," 195–205, 203.

121 health and, subsequently, as president, we also need to consider another lineage of social medicine in Chile that places its roots in the history of the struggles of the Chilean workers at the beginning of the 20th century. Although they did not yet formally come under the definition of "social medicine," it is possible in fact to find significant antecedents to the proposals made by Allende in the aspirations of the workers' movements belonging to the radical left, and in the practices of self-management they implemented. A very intense period of activity on the part of the workers' and students' movements began in 1918, commencing with a national strike instigated by workers in the saltpeter mines in the northern desert with the aim of obtaining better working conditions and stressing the destructive effects of malnutrition, infectious diseases and premature mortality on the working class. The struggles culminated the following year in the founding of the Chilean section of the IWW—Industrial Workers of the World, a labor union of anarchist inspiration formed in the United States in 1905.

One of the key figures of this period was Juan Gandulfo Guerra (1895–1931) who in 1922, at the age of twenty-seven, helped to found and then directed the polyclinic self-managed by workers under the aegis of the IWW. In the polyclinic the workers and their families would be able "to be treated for the various illnesses contracted in the factories and in the filthy rooms in which they are obliged to live by this corrupt and corrupting regime."[9] In Gandulfo's own words, self-management was fundamental because medical science was "monopolized by capital, with consequent harm to the majority of humanity,"[10] while at the polyclinic patients would be treated free of charge or at very low cost. In that period Gandulfo was working as a pediatric surgeon in the daytime and at the worker polyclinic at night. He also devoted himself to writing and illustration and made the engravings for the first edition of Pablo Neruda's *Crepusculario*; the two men had become friends during their student years. Remembering those years in his memoir *Confieso que he vivido*, Neruda would write: "There were deep and troubled stirrings among Chile's social classes. Alessandri

9   Editorial, "Lucha cotidiana," *Acción Directa*, no. 18 (1922).
10   Unión Local I.W.W., "Resumen General de la labor desarrollada durante el presente año," *Acción Directa*, no. 20 (December 1922), 5.

122 made subversive speeches. On the nitrate pampas the workers, who would create the most important people's movement on the continent, were organizing. Those were the holy days of the struggle. Carlos Vicuña, Juan Gandulfo. I quickly joined the student anarcho-syndicalist movement."[11] Gandulfo was a student of medicine at the University of Chile in Santiago, the same school that Allende would attend a few years later. Leader of the students' movement federation, Gandulfo was expelled from university and imprisoned several times for his anarcho-syndicalist ideas, which he disseminated with conviction from the pages of the magazine *Claridad*. In those years Gandulfo was "a symbol for the students, a hero for the workers and a dangerous agitator and anarchist for the government."[12]

Gandulfo's activity of criticism and popularization continued at the polyclinic thanks to the publication of *La Hoja Sanidaria*, a magazine that set out to educate workers about health and that touched on themes like hygiene, diet, air quality, and childcare, as well as alcoholism, mental health, and sex education. It is hard to quantify the fundamental contribution that the polyclinic made to the working class in the years of its existence, but it is important to make clear that both the work of self-management of the polyclinic and the activity carried out with *La Hoja Sanidaria* had aims that went beyond pure welfare: "the work of self-management was seen as part of a revolutionary process that was not disconnected from the work of the IWW [...]. The unifying figure—constituted by Gandulfo—bestowed on the project a radical character, aimed at social revolution."[13] The radical experiment of the polyclinic came to an end in 1927, when it was declared illegal by the government. A few years later, in 1931, Gandulfo was killed in a road accident. Pablo Neruda dedicated the second and definitive edition of *Crepusculario* to him, and it still bears the dedication "To Juan Gandulfo, this book of other times, Pablo."

L. CALABRÒ VISCONTI

11   Pablo Neruda, *Confieso que he vivido* (Buenos Aires: Ed. Debolsillo, 2004), 319. English ed., *Memoirs*, trans. Hardie St. Martin (London: Penguin, 1978), 268.
12   Ignacio González Ginouves, "El Juan Gandulfo de mis recuerdos," *Anales Chilenos de Historia de la Medicina* (1962), 145–57.
13   Fabián Pavez Reyes, "Experiencias autogestionarias en Salud: El legado de Juan Gandulfo," *Revista Médica de Chile*, no. 137 (2009), 426–32.

Salvador Allende (1908–1973) came from a family of radicals and activists. Among his political influences he mentioned on several occasions the relationship he had as a teenager with Juan De Marchi, an Italian anarchist who worked as a shoemaker in Valparaiso and who lent him books on Marxism, as well as teaching him to play chess. After qualifying as a surgeon, Allende was unable to find a job because of his progressive political positions, which led him, in 1933, to co-found the Socialist Party of Chile. The only post he could obtain was as assistant pathologist in the morgue of the Van Buren Hospital: "I won my bread sticking my hands in pus, cancers, and death."[14] Allende would recall later, explaining how that work had given him firsthand experience of the dramatic social conditions in the country.

When Allende was made minister of health in 1939, at the age of thirty-one, he published *La Realidad Médico-Social Chilena*. In the book, Allende analyzed illness as a disorder provoked by a disadvantaged social environment, focusing in particular on the living conditions of the working class. He called for the improvement of the health of citizens to be seen as an end in itself, railing against the idea of improving public health as a means of obtaining a more productive work force, still under the yoke of foreign capital. Among other things, Allende looked at the effects that the state of underdevelopment and international dependence had on the health of the country's citizens, concentrating on production processes and foreign debt. He went on to stress that housing density was one of the main causes of infectious disease and, in examining the difference between the prices of generic and brand-name drugs pointed a finger at the pharmaceutical industry. He also dealt with topics of social concern like sexually transmitted diseases and illegal abortion. In this way he proposed a series of actions that would lay the foundations of his political activity from that moment until his tragic death in 1973, in the bloody coup d'état carried out by Augusto Pinochet with the support of the United States. Foremost among Allende's proposals were a fundamental

POLITICS IS NOTHING ELSE
BUT MEDICINE ON A LARGE SCALE

14 Allende Senate Debates (ASD), Session 65a, March 12, 1968; quoted in Victor Figueroa Clark, *Salvador Allende. Revolutionary Democrat* (New York: Pluto Press, 2013), 36.

124   redistribution of national wealth, state regulation of the supply of food and clothing, a program of state-subsidized housing and an intense literacy campaign in the poorest social strata of the population.

It is not possible here to go into all the interventions of medical and social reform that Allende promoted in his political career. It will suffice to recall the legislation he introduced as a senator in the 1950s to set up the national health system (the first national program in the Americas to provide universal access), the construction of hospitals and health facilities in the poorest parts of the country and the institution of popular administrative councils to work legally alongside the regular ones with the aim of democratizing the management of the national medical infrastructure. From the three years of his mandate as president on the controversial "Chilean road to democratic socialism," it is worth remembering the constant implementation of measures of social protection, such as the introduction of a guaranteed minimum wage for workers in every category and age bracket, extension of the rights to union representation, the setting up of a specific organization to protect the rights of women, a systematic increase in wages and pensions, reduction in the cost of renting and free distribution of food to the most needy citizens.[15]

SOCIAL MEDICINE AS AN INSTRUMENT

Pinochet's regime brought the "golden age" of social medicine in Chile to a violent conclusion. The exponents of the discipline in the country were harshly repressed, a fate they have suffered in many other Latin American states over the last century and still do even in the present day.[16] One of the elements that has

15   The guarantee of half a liter of milk a day for every Chilean child under the age of fourteen, one of a handful of Allende's measures that were not struck down by Pinochet's regime, is famous.

16   For an extensive analysis of the different outcomes for social medicine in Latin America I refer the reader to Howard Waitzkin, Celia Iriart, Alfredo Estrada, and Silvia Lamadrid, "Social Medicine Then and Now: Lessons From Latin America," *American Journal of Public Health* 91 (2001), 1592–601.

125   made social medicine so important and a victim of persecution
in the Latin American context is its indissoluble connection
with the macroeconomic interests that have held a grip on the
territory for centuries. Public health, which tends to define
populations arithmetically as a sum of individuals to be ad-
ministered pharmacological treatments, is historically linked
in many Latin American states to initiatives carried out by
international organizations aimed at improving the health of
workers in order to boost the productivity of the multinational
corporations operating in the region, following an imperialist
recipe that had already been tested in various colonial settings
from the 19th century onward.[17] The thesis of social medicine, on
the contrary, is that populations should be approached in their
totality, on the basis of qualitative social criteria that transcend
those of the individual in order to take into account the level of
education, social class, and reproduction of the community to
which he or decides to belong. It follows that, in Latin America,
causes apparently remote from the medical sphere, such as the
struggle for independence from exploitation by international
agents and the goal of self-determination for indigenous peoples,
are indissolubly linked with social medicine. For this reason,
the ambit of social medicine is not just an ideal perspective
from which to analyze the forms of neocolonial exploitation
that continue today in Latin America. It is also a fundamental
instrument with which to interpret the contemporary global
state of affairs and to learn, from figures and histories that are
sometimes forgotten, what practices of resistance can be de-
ployed to combat social inequalities and the forms of profound
exploitation that the current health emergency has highlighted
in even more tragic fashion.

POLITICS IS NOTHING ELSE
BUT MEDICINE ON A LARGE SCALE

17   The best-known example is undoubtedly the Rockefeller Foun-
dation. For further information I refer the reader to E. Richard
Brown, "Public Health in Imperialism: Early Rockefeller Pro-
grams at Home and Abroad," *American Journal of Public Health*
(September 1976), 897-903; Anne-Emmanuelle Birn, "Public
Health or Public Menace? The Rockefeller Foundation and
Public Health in Mexico, 1920–1950," *Voluntas* 7 (1996), 35–56.

STORIA DELLA MEDICINA IN CILE? ALCUNE CONSIDERAZIONI

"Non si può possedere pienamente una scienza se non si conosce la storia del suo sviluppo".
Charles Geen Custom

Cosa si intende per "medicina"? L'insieme di nozioni racchiuse nel sapere formale universitario? Quale ruolo assegnare alle conoscenze ancestrali? Si può parlare di medicina in condizioni di igiene e salute precarie? Chi sono gli autori della storia della medicina, così come viene raccontata?

Sembra doveroso iniziare dalle conoscenze ancestrali provenienti dai popoli indigeni, presenti sul territorio cileno molto prima della colonizzazione, processo che sovente determinò lo sterminio della popolazione come conseguenza dei permanenti scontri e della trasmissione di malattie prima inesistenti. L'eccidio portò alla perdita della produzione di un sapere vincolato al miglioramento fisico e spirituale dell'individuo in accordo con una cosmologia dove corpo e mente sono considerati un tutt'uno. Le autorità ecclesiastiche presero il controllo delle cure mediche e dell'amministrazione degli spazi precari dedicati ai malati. Nonostante questo, le nozioni sulle proprietà medicinali delle piante, sviluppate dagli indigeni, furono tramandate agli spagnoli e introdotte nelle loro farmacopee.

In Cile, come nella maggior parte dei territori dove si insediò la Corona spagnola, furono replicate le stesse istituzioni vigenti in Spagna, con medesimi nomi e funzioni. L'esempio più rilevante in materia sanitaria fu il Protomedicato, creato nel 1566 e dissolto definitivamente nel 1879, quando il preside della Facoltà di Medicina e Farmacia della Università del Cile di Santiago assunse le funzioni concentrate in quella organizzazione creata originariamente per supervisionare l'esercizio dei professionisti della sanità.

DALL'ALTRA SPONDA DEL MAPOCHO: EMARGINAZIONE COME "SALVEZZA"

Il fiume Mapocho, detto anche *Mapu-chun-ko* che in lingua mapudungun significa "acqua che si perde nella terra", è stato testimone delle trasformazioni storiche della capitale cilena, Santiago, agendo per anni da frontiera simbolica e geografica a separare i "malati" dai "sani". Ha persino segnato l'eterno contrasto tra il centro città, caratterizzato dai maestosi edifici della classe più ricca, e le capanne della periferia nord del Mapocho ovvero la *chimba* (in lingua quechua: "dall'altra sponda"), dove abitano insieme meticci e indiani e in cui proliferarono le abitazioni fatiscenti costruite in seguito alla migrazione dalla campagna verso il centro urbano tra la fine dell'Ottocento e l'inizio del Novecento. Sovraffollamento e scarse condizioni igieniche costrinsero la classe operaia a vivere in circostanze che permisero la diffusione della tubercolosi, la malnutrizione, l'alcolismo e la trasmissione di malattie sessuali.

In coincidenza con la diffusione delle epidemie furono costruiti dei lazzaretti, grazie alle donazioni delle famiglie più agiate di Santiago, proprio sulla sponda del Mapocho lontana dal centro città. Queste infrastrutture, precarie e gestite con scarsa igiene dalla chiesa Cattolica, adempivano più alla funzione di mensa e luogo di isolamento che a quella di diagnosi, cura e trattamento dei malati. Emarginati e reclusi, i pazienti erano affidati più alla volontà di Dio che alla scienza medica.

Per un lungo periodo uno Stato ancora debole e con risorse economiche insufficienti, così come la diffusione di malattie come il colera e la tubercolosi resero impossibile l'esistenza di un vero e proprio sistema sanitario, così come lo sviluppo scientifico della medicina. Oltre a questo, un sistema fognario e di acqua potabile quasi inesistente (soltanto nel 1900 furono costruite a Santiago le prime infrastrutture in questo senso) ostacolò la creazione di condizioni adeguate a garantire le cure sanitarie per la maggioranza della popolazione.

L'ISTITUZIONALIZZAZIONE COME NARRAZIONE STORICA

Successivamente, nella *chimba* – la zona delle abitazioni precarie –, si concentrarono strutture dedicate alla diagnosi e cura dei malati. Il vecchio lazzaretto di El Salvador divenne Hospital San José, costruito tra il 1841 e il 1872, e situato accanto al Cimitero Generale a causa dell'elevato tasso di mortalità. Nelle vicinanze fu edificata la Casa de Orates Nuestra Señora de los Ángeles nel 1852, attualmente Instituto Psichiatrico Dr. José Horwitz Barak. Nel 1874 fu aperto l'Hospital San Vicente de Paul, progettato per la cura del personale militare delle guerre a cui partecipò il Paese, demolito nel 1952 per costruire il nuovo Hospital Clinico della Universidad de Chile. Finalmente, nel 1899 fu edificata la Escuela de Medicina de la Universidad, completando in questo modo un polo dedicato alla sanità.

Generalmente, la maggior parte delle ricerche condotte sulla storia della medicina in Cile si riferisce alla creazione di istituzioni concentrate perlopiù sullo sviluppo di politiche sanitarie, molte di esse sorte durante epidemie che hanno devastato la nazione, e che proprio oggi, con la comparsa del Covid-19 rendono necessaria la sua revisione. L'alto tasso di mortalità prodotto dal colera durante il 1886 e il 1888 portò a una riflessione della classe politica e alla conseguente creazione della prima istituzione di sanità pubblica: l'Instituto Superior de Higiene. Creato nel 1892 per prevenire e contrastare il propagarsi di epidemie, si aggiunsero successivamente nuove funzioni quali la disinfezione e il controllo della qualità dell'acqua e degli alimenti.

Nel corso del XX secolo sono state create importanti istituzioni relative allo sviluppo storico della salute. Nel 1918 è stato sancito il primo codice sanitario, uno strumento giuridico pionieristico dello Stato cileno con lo scopo di regolamentare gli esercizi dedicati all'approvvigionamento di alimenti, fondamentale nella prevenzione delle epidemie. Questo organismo è responsabile di normare, controllare e sanzionare le misure in grado di garantire la salute di tutta la popolazione attraverso una rete di agenzie statali in ogni regione del Paese.

Nel 1924 si sono verificati due eventi molto importanti che attestano il coinvolgimento e l'interesse dello Stato cileno alla salute pubblica. La prima è la creazione del Ministerio de la Higiene, Asistencia e Seguridad Social, ente che si occupa non solo di questioni sanitarie ma anche di quelle che riguardano la sicurezza dei lavoratori e delle lavoratrici cilene, così come l'assegnazione di abitazioni popolari. Contemporaneamente nacque la Caja del Seguro Obrero Obligatorio, istituzione statale che operava con un sistema di distribuzione del denaro raccolto dai lavoratori per garantire prestazioni sociali come il pensionamento, l'assicurazione contro la disoccupazione, il risarcimento per gli infortuni sul lavoro e la costruzione di cliniche rurali e servizi di emergenza. Questo organismo ha persino partecipato come azionista nel Laboratorio Chile, creato con l'obiettivo di ridurre il costo dei farmaci. Questo periodo è stato caratterizzato da un singolare coinvolgimento dello Stato nell'assistenza sociale e da una particolare attenzione alla salute della madre e del bambino, alla lotta contro l'alcolismo e all'azione diretta per migliorare le condizioni di vita dei cittadini. Nel 1932 il Ministero è stato rinominato Salubridad Pública e nel 1959 è stato riorganizzato per creare il Ministerio de la Salud Pública e il Ministerio del Trabajo y Previsión Social in modo indipendente.

Nel 1952 viene istituito il Servicio Sanitario Nacional (SNS) responsabile dell'amministrazione degli ospedali e della fornitura di molteplici servizi in tutto il paese, burocratico e lento nonostante fosse concepito come un'istituzione che avrebbe dovuto garantire sanità pubblica universale e gratuita per tutti i cileni. Durante la dittatura civile-militare, il ministero viene ristrutturato e si crea un sistema misto in cui il settore pubblico e quello privato coesistono. Contemporaneamente si istituiscono l'Instituto de Salud Pública (ISP), il Fondo Nacional de Salud (FONASA) e la Central de Abastecimiento del Sistema Nacional de Servicios de Salud (CENABAST), e l'assistenza primaria viene affidata ai comuni a partire dal 1980, organismi che funzionano ancora oggi. Con il ritorno della democrazia e una nuova ristrutturazione del Ministerio de Salud si è migliorata la rete ospedaliera con il compito di aggiornare l'accesso dei cittadini a strutture che potessero soddisfare le loro esigenze sanitarie dopo i diciassette anni di regime militare durante i quali non si è costruito alcun ospedale.

RICHARD FRANCISCO SOLIS AND
IVÁN OYARZÚN QUEZADA

HISTORY OF MEDICINE IN CHILE?
SOME CONSIDERATIONS

"You cannot fully grasp a science if you do not know the history of its development."
Charles Geen Custom

What do we mean by "medicine"? The set of notions formally taught at medical school? Then what role should we assign to traditional knowledge? Can we speak of medicine in precarious conditions of sanitation and health? Who are the authors of the history of medicine, how is it told?

It seems proper to start with the ancestral knowledge possessed by indigenous peoples, present in the land of Chile long before its colonization, a process that often led to extermination of the population as a consequence of permanent conflict and infection with diseases it had never previously encountered. The slaughter resulted in the loss of a body of knowledge linked to the physical and spiritual improvement of the individual in accord with a cosmology in which body and mind were considered an organic whole. The church authorities took control of medical treatment and the management of temporary spaces for treatment of the sick. Nonetheless, indigenous notions on the medicinal properties of plants were passed on to the Spanish and introduced into their pharmacopeia.

In Chile, as in the greater part of the territories colonized by the Spanish Crown, the same institutions as operated in Spain were replicated, with the same names and functions. The most relevant example in the field of health was the Protomedicato, established in 1566 and eventually dissolved in 1879, when the head of the Department of Medicine and Pharmaceutics at the University of Chile in Santiago took over the functions performed by that organization, originally created to oversee the practice of health professionals.

 ON THE OTHER BANK OF THE MAPOCHO: MARGINA-
LIZATION AS "SALVATION"

The Mapocho River—*Mapu-chun-ko* in the Mapudungun language, which means "water that loses itself in the land"—has been a
witness to the historical transformations of the Chilean capital,
Santiago, acting for years as a symbolic and geographical fron-
tier separating the "sick" from the "healthy." It has even marked
the eternal contrast between the city center, characterized by
the majestic buildings of the most affluent class, and the huts
on the outskirts north of the Mapocho, i.e. the *chimba* (in the
Quechua language: "on the other bank"). It is in this sprawl of
dilapidated dwellings built following the migration from the
countryside into the urban center between the end of the 19th
century and the beginning of the 20th that the mestizos and
Indians live. Here overcrowding and poor sanitary conditions
obliged the working class to live in circumstances that allowed
the proliferation of tuberculosis, malnutrition, alcoholism, and
the transmission of venereal disease.

At times when epidemics were spreading lazarettos, funded by
donations from the wealthiest families in Santiago, were constructed on the bank of the Mapocho, far from the city center.
These temporary infrastructures, managed with scanty hygiene by the Catholic church, performed the function of a soup
kitchen and place of isolation rather than that of diagnosis and
treatment of the sick. Segregated and confined, the fate of the
patients was left more to the will of God than to medical science.

For a long time a still weak State with insufficient economic
resources, together with the spread of diseases like cholera and
tuberculosis, made the establishment of a proper health system
and the scientific development of medicine impossible. In addition, the almost total lack of a sewage system and supply of
potable water (the first such infrastructures were not installed
in Santiago until 1900) hampered the creation of conditions
able to provide health care to the majority of the population.

INSTITUTIONALIZATION AS HISTORICAL NARRATIVE

Subsequently, facilities devoted to the diagnosis and treatment
of the sick were concentrated in the *chimba*, the area of poor
housing. The old lazaretto of El Salvador became the Hospital

San José, constructed between 1841 and 1872 and located next to the General Cemetery owing to the high death rate. The Casa de Orates Nuestra Señora de los Ángeles, now the Instituto Psichiatrico Dr. José Horwitz Barak, was built in its vicinity in 1852. In 1874 the Hospital San Vicente de Paul was opened. Intended for the care of soldiers injured in the wars fought by the country, it was demolished in 1952 to make room for the new Hospital Clinico della Universidad de Chile. Finally, in 1899, the Escuela de Medicina de la Universidad was constructed, completing the establishment of a center dedicated to health.

Generally speaking, the majority of the studies carried out into the history of medicine in Chile have looked at the creation of institutions, focusing chiefly on the development of health policies, many of them introduced during epidemics that devastated the nation. Today, with the emergence of Covid-19, its revision is required. The high death rate resulting from the outbreaks of cholera in 1886 and 1888 induced a rethink on the part of politicians and the consequent creation of the first institution of public health: the Instituto Superior de Higiene. Set up in 1892 to prevent and counter the propagation of epidemics, it later acquired new functions, such as disinfection and control of the quality of water and food.

Over the course of the 20th century important institutions relating to the historical development of the health system were established. In 1918 the first health code was ratified, a pioneering legal instrument introduced by the Chilean State with the aim of regulating the concerns responsible for the supply of food, fundamental to the prevention of epidemics. This trust was given the task of setting standards, checking their implementation and sanctioning any infringements, measures designed to guarantee the health of the entire population through a network of government agencies in every region of the country.

In 1924 two very important events occurred that attest to the involvement and interest of the Chilean State in public health. The first was the creation of the Ministerio de la Higiene, Asistencia e Seguridad Social, a body that assumed responsibility not only for matters of health but also the welfare and security of Chilean workers, as well as for the provision of low-cost housing. At the same time the Caja del Seguro Obrero Obligatorio was set up, a state institution that operated a system of distribution of the money collected from workers to provide social benefits like pensions, unemployment insurance, compensation for accidents in the workplace, the construction of rural clinics, and provision of emergency services. This organism even acquired a stake in the Laboratorio Chile, created with the aim of reducing the cost of medicines. This period was characterized by an unusual degree of involvement of the State in social welfare and particular attention being paid to the health of the mother and child, to the fight against alcoholism and to direct action to improve the conditions of citizen's lives. In 1932 it was renamed the Ministerio de Salubridad Pública and in 1959 it was reorganized to create two separate ministries, the Ministerio de la Salud Pública responsible for public health and the Ministerio del Trabajo y Previsión Social responsible for labor and social security.

In 1952 the Servicio Sanitario Nacional (SNS) was established to take charge of the administration of hospitals and the provision of a multiplicity of services all over the country. Although conceived as an institution that would guarantee a universal and free health service for all Chileans, it was bureaucratic and slow. Under the civilian-military dictatorship, the ministry was restructured and a mixed system created in which the public and private sectors operated side by side. At the same time the Instituto de Salud Pública (ISP), the Fondo Nacional de Salud (FONASA), and the Central de Abastecimiento del Sistema Nacional de Servicios de Salud (CENABAST) were set up, and from 1980 onward primary health care was entrusted to the municipalities, through organisms that are still in operation today. With the return of democracy and a new restructuring of the Ministerio de Salud, the hospital system was improved and assigned the task of updating the access of citizens to facilities that would be able to meet their health needs after seventeen years of military government during which not a single hospital was built.

An Impossible glove
for an impossible situation

the

IM   POSSIBLE

is the Pulse
of the possible

IM   POSSIBLE

open up let the healing
come in.

ALESSANDRO CASTIGLIONI E
FRANCESCO BERTOCCO

ALESSANDRO CASTIGLIONI:
Vorrei iniziare questa intervista concentrandomi, in termini ampi, attorno alla tua ricerca e agli aspetti in cui si articola dal punto di vista linguistico e tematico. Confrontando alcune opere come *Setting* (2011-12), *Role-Play* (2011-12), *Eclissi* (2014), *Allegoria* (2014) o *Affective Sciences* (2017), si nota come nel tuo lavoro si mescolino e si sovrappongano gli interessi documentaristici, quelli scientifici, psicoanalitici e medici, fiction e invenzione narrativa. Una sorta di *cinéma vérité* in cui i livelli di interazione tra soggettività registica e investigazione terza sono estremamente complessi. In *Eclissi*, per esempio, i dialoghi nascono come sceneggiatura ma provengono dalle esperienze di uno studio di psicoanalisi, in *Allegoria* i frammenti archivistici estratti dai film di Alberto Grifi assumono un nuovo significato affiancati alle tue riprese. Puoi mettere in luce gli elementi linguistici e tematici della tua pratica e in particolare come si bilanciano video essay, scienza e narrazione nella tua ricerca e nelle tue opere?

FRANCESCO BERTOCCO:
Retrospettivamente posso dire che la mia pratica e la mia ricerca seguono un percorso all'insegna della frammentazione, non nell'accezione di una "poetica del frammento" come cifra estetica, ma più in quanto "metodologia del frammento", che ingloba e attira esperienze diverse, convergenti, che sono sta-

SETTING
[fig. 01] HD video, 6 min., 2011-12
ROLE-PLAY
[fig. 02] VHS, 15 min., 2011-12
Setting e *Role-Play* sono tra le prime opere di interesse psicologico e scientifico di Bertocco. I lavori si concentrano su alcune pratiche educative di psicologi e psicanalisti, caratterizzate dalla realizzazione di video in cui mettere in scena tipologie e set di sedute cliniche e in cui i medici stessi interpretano, a turno, il ruolo di paziente o analista. Lo studio e la ricostruzione di queste *mise en scène* è cruciale poiché, spiega l'artista, ha "l'intento di dirottare l'immaginario scientifico, in quel caso della psicoterapia, verso modelli esteticamente autonomi. Sono sempre stato interessato ai passaggi di campo, interferendo continuamente da una visione all'altra, da un sistema ad un altro" (Federica Tattoli, "Francesco Bertocco, una conversazione", *Atp Diary*, 19 gennaio 2015, http://atpdiary.com/exhibit/francesco-bertocco-una-conversazione/).

143   te, in modo diretto e indiretto, alla base della mia formazione. Questi aspetti – la scrittura letteraria, il cinema sperimentale, il film scientifico e la psicologia – si intrecciano nei miei lavori in maniera indistinta, tra punti di contatto, interferenze, sovrapposizioni, allusioni e ripetizioni in cerca di un equilibrio, una sorta di omeostasi che solo recentemente sento di aver raggiunto, o almeno in parte. Tuttavia, il modello prevalente e costante nella maggior parte dei miei video è senza dubbio quello del film scientifico. Secondo la definizione di Virgilio Tosi – tra i più importanti studiosi della cinematografia scientifica – il film scientifico è "quello che fa un uso razionale del linguaggio delle immagini in movimento, realizzato con qualsiasi tecnica e per i più diversi scopi".[1] Questo cinema, storicamente antesignano del cinema stesso, ha una sua ontologia ben precisa e definita: la sua razionalità deve mostrare, divulgare, documentare un evento osservabile, misurabile, e scientificamente obiettivo. La sua struttura diventa per me, di volta in volta, un tentativo di rileggere i confini del genere entro cui il film scientifico è iscritto, oltre che uno spazio di sperimentazione linguistica, in cui la sua rigorosa funzionalità è costantemente rielaborata.

AC   In questa prospettiva e osservando il lavoro di scrittura di *Historia* (2021), la dimensione narrativa assume sempre più

ECLISSI
[fig. 03] HD video, 2014; *part I*, 10 min.; *part II*, 12 min.; *part III,* 20 min.
In *Eclissi* una serie di psicoterapeuti hanno collaborato con Bertocco per raccontare e interpretare alcune sessioni di analisi. Prendendo spunto da eventi reali, quattro differenti sedute sono state prima scritte e poi messe in scena, conferendo particolare attenzione al rapporto tra lo spazio in cui i personaggi si trovano e i comportamenti e movimenti che si generano in relazione a tale spazio. In questi quattro luoghi si confrontano altrettante tipologie di soggetti (l'adolescente, la coppia, l'adulto e il bambino). La percezione del luogo che così ne deriva genera una tensione tra architettura e soggettività del paziente, tra spazio "esterno" ed "interno", mettendo in luce quelli che Bertocco chiama "i meccanismi proiettivi che la mente opera".

1   Virgilio Tosi, ad vocem "cinematografia scientifica", *Enciclopedia del Cinema Treccani*, Istituto della Enciclopedia Italiana, Roma 2004, https://www.treccani.it/enciclopedia/cinematografi-ca-scientifica_%28Enciclopedia-del-Cinema%29/.

importanza. Già confrontando un'opera come *Onde* (2014) con *Eclissi*, vediamo un crescente interesse di carattere autoriale che ha origine sì nella pratica psicoanalitica, ma dopo aver attraversato in modo scientifico la dimensione del sonno (*Onde*) e del sogno (*Affective Sciences*) arriva ad esiti onirici e di ispirazione surrealista. Mi parli di questo processo?

FB   La dimensione narrativa è un aspetto che è sempre stato presente nel mio lavoro. All'inizio in modo, direi, metodologico, come riferimento nella costruzione del lavoro video: meno evidente ad esempio in *Onde*, oppure essenziale in *Allegoria*, dove la divisione della storia in tre momenti determina il fulcro del lavoro stesso. Poi, questa dimensione si è fatta via via più presente, fino a diventare centrale. La scrittura, nel mio ultimo lavoro *Historia*, si è fatta maggiormente determinante, divenendo il legame che tiene insieme le parti, che possiamo definire documentarie. La costruzione dell'opera è determinata da una narrativa che ne fa quasi un oggetto drammaturgico, anche se il linguaggio, l'approccio è ancora quello del cinema del reale. Quando penso alla scrittura, non mi riferisco alla scrittura del cinema, ben delineata e antecedente alla produzione vera e propria, ma a una scrittura che si compone durante il montaggio, in fieri, come un elemento che esiste prima come intenzione,

A. CASTIGLIONI, F. BERTOCCO

ONDE
[fig. 04] HD video, 15 min., 2014
L'opera è girata presso il Dipartimento di Medicina del Sonno della Fondazione Istituto Neurologico Casimiro Mondino di Pavia in cui vengono studiati i disturbi di pazienti che soffrono di insonnia o difficoltà legate al sonno in generale. Bertocco, in oltre sei mesi di riprese, indaga gradualmente la prassi medica come un rituale, sempre uguale a se stesso ma sempre diverso per ogni corpo, per ogni paziente, in un passaggio dalla coscienza alla non coscienza. Non solo attraverso uno sguardo sugli individui dormienti ma, come scrive Simone Frangi, "la perdita del sonno profondo e la conseguente perdita della veglia provocano nei pazienti di *Onde* una vera e propria distonia sociale, un distaccamento dalle dinamiche relazionali, dai suoi riti, dalle sue norme. E una conseguente frustrazione dovuta a un sentimento di irriconoscibilità, di non appartenenza e a una labile affermazione della propria identità" (Simone Frangi, "Francesco Bertocco", *FlashArt Online*, 8 giugno 2015, https://flash---art.it/article/francesco-bertocco/).

ma poi si completa solo nel processo produttivo, lentamente, oppure alla fine di esso. Forse l'idea della dimensione narrativa che ho in mente ora è per lo più legata a questa accezione non gerarchica della scrittura, una parte del processo che interviene solo a un certo punto e che trova una posizione all'interno di un progetto, sempre diversa.

AC Vorrei aggiungere alla conversazione un ulteriore elemento, che riguarda i tuoi interessi di carattere storico e archivistico. Abbiamo già accennato ad *Allegoria* in cui, in una pratica affine al ready-made (o che Nicolas Bourriaud definirebbe di postproduction) inglobi e ripresenti il girato di Grifi all'interno di una video installazione, o penso alle riprese dei focus group in uno dei tuoi primissimi lavori. Ma anche in un lavoro come *Index* (2017) ripercorri la storia ideologica e geografica del "volo" in Italia attraverso i luoghi e gli spazi della ex fabbrica aeronautica Caproni e dell'aeroporto, ora in disuso, Campo della Promessa. Oppure il più recente *Praxis* (2018-in corso) in cui l'oggetto della tua indagine, questa volta fotografica, è lo studio londinese di Sigmund Freud. In che modo, dunque, questa dimensione storico-archivistica entra in dialogo con gli elementi di cui abbiamo fin qui parlato?

FB La prospettiva storiografica sta diventando sempre più preponderante nei miei lavori. In molti dei progetti che ho sviluppato, parte della ricerca segue una pratica di scrittura e progettazione che ha come origine lo studio di archivi (cartacei, ma anche museali). *Historia* rivela forse in maniera esplicita questa mia tendenza, che ho sempre considerato prevalentemente sommersa; più una metodologia di ricerca che una qualità da mo-

OMBRA PORTATA

ALLEGORIA
[fig. 05] HD video, 23 min., 2014
Allegoria è una video installazione in cui sono messi a confronto e in dialogo un'opera di Bertocco e il documentario sperimentale di Alberto Grifi (1938-2007) *Il Preteso Corpo* del 1977 – in cui l'autore ripropone, come un ready-made, un footage storico risalente al Ventennio fascista dedicato alla medicalizzazione forzata di pazienti affetti da disturbi psichiatrici. L'opera di Bertocco è una controparte contemporanea, divisa in tre capitoli, che affronta le questioni legate alla produzione di farmaci, alla messa in scena delle emozioni e dei corpi, e lo sviluppo di robot dalle sembianze umane. L'artista parla

strare in piena luce. Solo recentemente si sta trasformando in un oggetto d'indagine manifesto: penso a *Praxis* (il lavoro sullo studio di Freud è iniziato con la consultazione delle fotografie di Edmund Engleman) o al sopracitato *Historia*, ma anche ad altri progetti che sto sviluppando. In ogni lavoro il recupero delle tracce del passato permette di fare emergere differenti modi in cui la storia viene impiegata e vissuta nel presente – o come ha suggerito Michel Foucault, l'indagine del passato non è che l'ombra portata di un'interrogazione rivolta al presente.

AC   Citando *Praxis* non posso far a meno di mettere a fuoco l'importanza del linguaggio fotografico, oltre a quello dell'immagine in movimento, all'interno della tua pratica. La fotografia, come il video, vanno costantemente considerati come strumenti di conoscenza, soprattutto quando si focalizzano, come nel tuo caso, sui dettagli. Il dettaglio, che tu stesso hai definito "strategia linguistica", è una sorta di sineddoche, una parte per il tutto che genera una dinamica dialettica con la narrazione filmica. Questa indagine sul dettaglio allo stesso tempo avvicina e allontana il lavoro video da quello fotografico perché allontana e avvicina lo spettatore rispetto al racconto che di volta in volta costruisci. In che modo, nel tuo lavoro in generale e in *Historia* in particolare, convivono questi due linguaggi?

FB   La fotografia rappresenta un aspetto significativo del mio lavoro, sia come parte costituente del processo produttivo (che nel caso di *Historia* ha portato a un'installazione fotografica

A. CASTIGLIONI, F. BERTOCCO

dell'opera in questi termini: "*Allegoria* ha tre momenti narrativi. La prima parte è stata girata dentro una nota casa farmaceutica. In questo luogo, dall'identità definita e marcata tipica delle corporation, è ambientata la narrazione iniziale. [...] Nella parte successiva, quella centrale, si assiste alle riprese di una seduta di psicodramma, in cui un gruppo di persone mette in scena momenti della propria vita attraverso la teatralizzazione del sé. Il corpo diventa così un corpo mentale che si proietta all'esterno della propria coscienza. L'ultima parte è ambientata in un laboratorio di robotica, nel quale sono studiati i robot umanoidi. Nell'immaginario fantascientifico il corpo umanoide è sempre stato indipendente e in grado di autogovernarsi, nella realtà scientifica, invece, la sua esistenza è sempre correlata e dipendente all'uomo. Il corpo artificiale è quindi un corpo che non riesce ad uscire da se stesso, bloccato in dialogo con il film), sia come riferimento per la creazione del linguaggio dei miei progetti video, che spesso si muovono intorno a un modello fotografico, con immagini a camera fissa di oggetti o dettagli di elementi architettonici. Tra i miei riferimenti compaiono lavori di fotografi che hanno avuto un impatto molto forte sul mio lavoro. Penso a Luigi Ghirri, Lewis Baltz e Louise Lawler, verso i quali ho in maniera evidente un grande debito, oppure ai lavori fotografici di Joachim Koester. Molto si sviluppa anche come esigenza verso una tipologia di espressione: *Praxis* è un lavoro che poteva esistere solo in quella forma, con quel linguaggio, con quella relazione con il contesto che lo avrebbe esposto. La propensione verso il dettaglio, ad esempio, è nata da un impiego più strategico che meramente estetico. Mentre giravo *Onde*, la necessità di non mostrare l'identità dei pazienti mi ha portato a scegliere delle focali lunghe e a restringere il campo della visione, per non interferire con gli esami polisonnografici e non entrare in "contatto" con il paziente. Questa regia "ombra" si è sviluppata dentro l'etica del luogo (medico). Da lì, la decisione di impiegare delle tecniche che partano dal contesto di produzione e dal genere a cui mi riferisco, quello del film scientifico, per costruire un processo di ridefinizione che modifichi gli elementi costitutivi, senza stravolgerne i confini.

AC   Dai tuoi primi lavori come *Focus Group* (2011) a *Historia* sono passati dieci anni. A che punto posizioni questa tua nuova produzione? In che modo i tuoi interessi scientifici, storici, narrativi e registici convergono in questo caso? Quali chiavi

in un limbo da cui non è ancora in grado di liberarsi" (Federica Tattoli, "Francesco Bertocco, una conversazione", *Atp Diary*, 19 gennaio 2015).
AFFECTIVE SCIENCES
[fig. 06] HD video, 28 min., 2017
Il film è girato in Svizzera presso il National Center of Competence in Research Affective Sciences - Emotions in Individual Behavior and Social Processes (NCCR - Affective Sciences), la più importante organizzazione che conduce studi su larga scala dedicati alle emozioni umane. L'opera di Bertocco indaga la complessità e la difficoltà dello studio, della classificazione e identificazione delle emozioni e del loro intrinseco legame con la definizione dell'identità di ciascun individuo da una parte e la loro irriducibile natura neurofisiologica dall'altra.

148   di lettura ti senti di consegnare al pubblico per interpretare questo lavoro alla luce della tua personale storia?

FB   Come dicevo, *Historia* rappresenta, in parte, una svolta nel mio percorso. Più che un vero e proprio cambiamento, questo progetto è una sintesi del lavoro svolto finora, uno spazio dove sono raccolte le tematiche che ho sviluppato e in cui convergono quegli aspetti su cui ho costruito la quasi totalità delle mie opere. Inserirli in un contenitore unico può non solo rappresentare una summa del lavoro svolto fino ad ora, ma costituire qualcosa di diverso, inaspettato. In parte vedo così *Historia*, come una trasformazione inevitabile, ma la cui traiettoria finale non sono riuscito a prevedere. Forse, questo lavoro più che mai, nato in un contesto totalmente imprevedibile, politicamente instabile, con una pandemia che lo ha attraversato e lo sta ancora attraversando proprio ora mentre scrivo queste righe si trova nella posizione necessaria di tradire le aspettative che lo hanno generato. È come se questo film rendesse più nitida la mia tendenza alla trasformazione perpetua, all'impossibilità di stabilire una forma finale, fuori dalle rigidità di qualsiasi pratica progettuale. Per questa ragione ho grandi aspettative nei confronti di questo lavoro, ma più che sulla sua realizzazione finale, sulla direzione che immancabilmente costringerà la mia pratica a intraprendere.

fig. 01

fig. 02

fig. 03

fig. 04

fig. 05

fig. 06

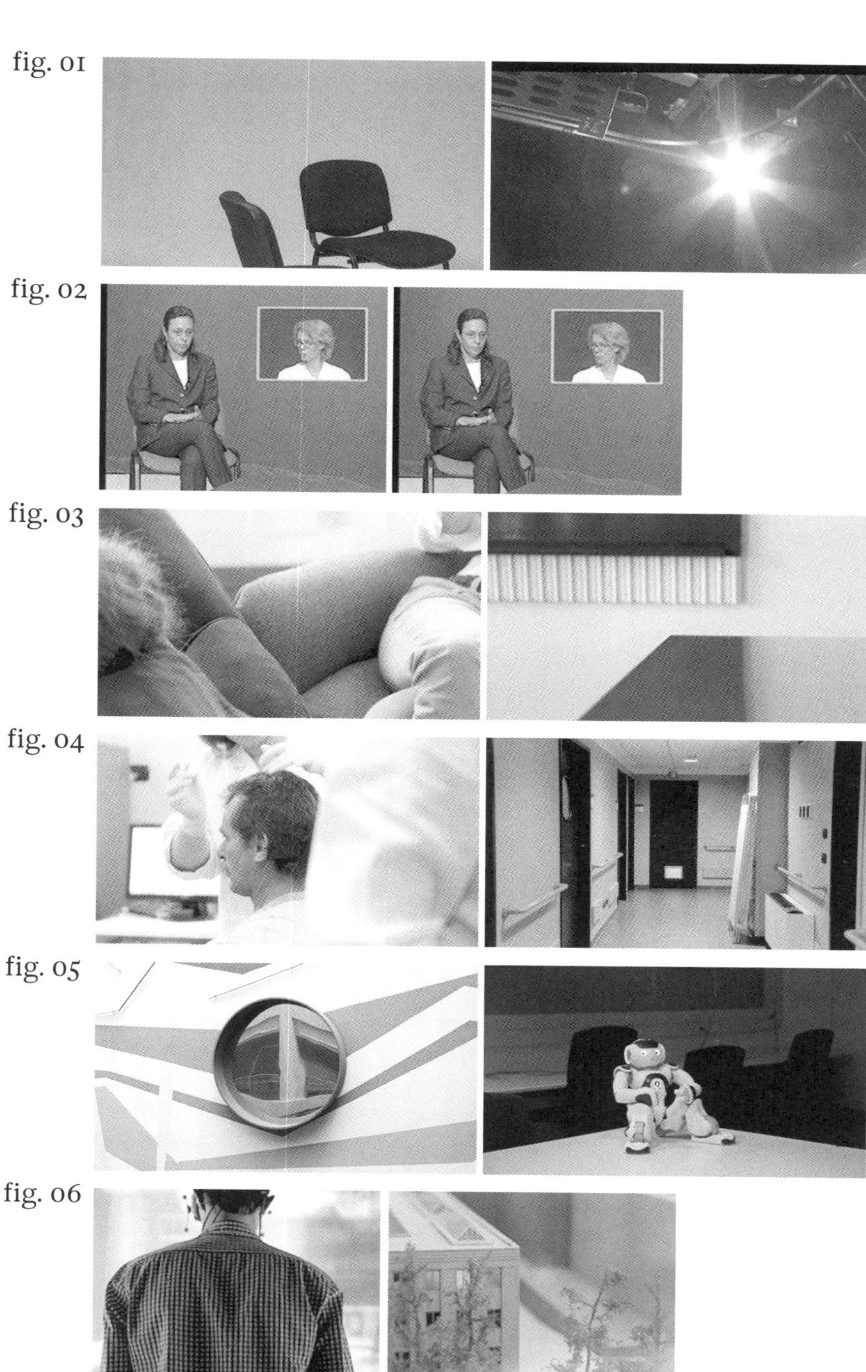

ALESSANDRO CASTIGLIONI AND
FRANCESCO BERTOCCO

PROJECTED SHADOW

ALESSANDRO CASTIGLIONI:
I'd like to start this interview by focusing, in broad terms, on your research and the aspects into which it can be divided from the linguistic and thematic point of view. Comparing works like *Setting* (2011-12), *Role-Play* (2011-12), *Eclissi* (2014), *Allegoria* (2014) or *Affective Sciences* (2017), we notice how documentary interests, scientific, psychoanalytical and medical ones, are mixed up and overlap with fiction and narrative invention in your work. A sort of *cinéma vérité* in which the levels of interaction between the subjectivity of the director and the investigation conducted by an outside observer are extremely complex. In *Eclissi*, for example, the dialogues are scripted but based on the experiences of a psychoanalysis studio. In *Allegoria* the snippets of archive footage from the films of Alberto Grifi take on a new significance alongside your shots. Can you throw light on the linguistic and thematic elements of your practice and in particular how you balance video essay, science, and narration in your research and in your works?

FRANCESCO BERTOCCO:
With hindsight I can say that my practice and my research have followed a course rooted in fragmentation, not in the sense of a "poetics of the fragment" as an aesthetic characteristic, but more in that of a "methodology of the fragment," one that attracts and incorporates the different, converging experiences

SETTING
[fig. 01] HD video, 6 min., 2011–12
ROLE-PLAY
[fig. 02] VHS, 15 min., 2011–12
Setting and *Role-Play* are two of Bertocco's earliest works of psychological and scientific interest. They are devoted to some of the educational practices of psychologists and psychoanalysts, characterized by the production of videos presenting types and settings of clinical sessions in which the practitioners themselves take turns at playing the part

151 that have been, directly and indirectly, at the base of my formation. These aspects—literary writing, experimental cinema, the scientific film and psychology—are indistinguishably tangled in my works, between points of contact, interferences, superimpositions, allusions and repetitions in search of an equilibrium, a sort of homeostasis that only recently have I felt has been achieved, at least in part. However, the predominant and constant model in the majority of my videos is undoubtedly that of the scientific film. In the definition of Virgilio Tosi—one of the most important scholars of scientific cinema—the scientific film is "one that makes rational use of the language of moving pictures, made by any means and for the most diverse purposes."[1] This cinema, historically a forerunner of cinema proper, has a precise and well-defined ontology of its own: its rationality has to show, disclose, document an observable, measurable, and scientifically objective event. Its structure becomes for me, on each occasion, an attempt to reexamine the boundaries of the genre in which the scientific film is set, as well as a space of linguistic experimentation, one in which its rigorous functionality is constantly being reworked.

AC From this perspective and looking at the work of scriptwriting for *Historia* (2021), the narrative dimension assumes ever greater importance. Already comparing a work like *Onde* (2014) with *Eclissi*, we see a growing interest of an authorial character that indeed has its origin in psychoanalytical practice, but after having explored the dimension of sleep (*Onde*) and dream (*Affective Sciences*) in a scientific manner arrives at oneiric

PROJECTED SHADOW

of patient or analyst. The study and reconstruction of these *mises-en-scène* are crucial since, the artist explains, they have "the aim of redirecting scientific imagery, in that case of psychotherapy, towards aesthetically autonomous models. I have always been interested in shifts of field, interfering continually from one vision to another, from one system to another." (Federica Tattoli, "Francesco Bertocco, una conversazione," *Atp Diary* [January 19, 2015]: http://atpdiary.com/exhibit/francesco-bertocco-una-conversazione/)

1 Virgilio Tosi, "cinematografia scientifica" entry in *Enciclopedia del Cinema Treccani* (Rome: Istituto dell'Enciclopedia Italiana, 2004): https://www.treccani.it/enciclopedia/cinematografi-ca-scientifica_%28Enciclopedia-del-Cinema%29/.

152 results of Surrealistic inspiration. Can you tell me something about this process?

FB The narrative dimension is an aspect that has always been present in my work. At the outset, I'd say, in a methodological way, as a reference in the construction of the video work: less evident, for example, in *Onde*, or essential in *Allegoria*, where the division of the story into three parts forms the linchpin of the work itself. Then this dimension grew increasingly present, until it became central. The scriptwriting, in my latest work *Historia*, has grown more decisive, becoming the bond that holds together the parts, which we can define as documentary. The structure of the work is determined by a narrative that almost turns it into a dramaturgic subject, even though the language, the approach is still that of the cinema of the real.
When I think about scriptwriting, it's not about the kind of script written for movies, clearly defined prior to their actual production, but a script that is composed during the editing, in progress, as an element that exists first as intention, but is only completed in the process of production, slowly, or at the end of it. Perhaps the idea of the narrative dimension I have in mind now is for the most part linked to this nonhierarchical sense of writing, a part of the process that occurs only at a certain point and that always finds a different position within a project.

AC I'd like to bring another element into the conversation, one that concerns your interests of a historical character, in the archives. We have already mentioned *Allegoria* where, in a

ECLISSI
[fig. 03] HD video, 2014; *part I*, 10 min.; *part II*, 12 min.; *part III*, 20 min.
In *Eclissi* a series of psychotherapists collaborated with Bertocco on the description and interpretation of some sessions of analysis. Taking their cue from real events, four different sessions were first scripted and then staged, focusing particular attention on the relationship between the space in which the people were located and the modes of behavior and movements that were generated in relation to that space. In these four locations the same number of types of subject (the adolescent, the couple, the adult and the child) confront one another. The perception of the place that derives from this generates a tension between architecture and subjectivity of

practice akin to the readymade (or what Nicolas Bourriaud would call postproduction) you incorporate Grifi's film and present it again in a video installation. I am thinking too of the footage of the focus group in one of your earliest works. But in a work like *Index* (2017) as well, you retrace the ideological and geographical history of "flight" in Italy through the places and spaces of the former Caproni aircraft factory and the now disused airport of Campo della Promessa. Or the more recent *Praxis* (2018-in progress) in which the subject of your investigation, photographic this time, is Sigmund Freud's studio in London. In what way, then, does this historical-archival dimension enter into dialogue with the elements we have spoken of up to now?

FB   The historiographical perspective is becoming increasingly preponderant in my works. In many of the projects I've carried out, part of my research has followed a practice of writing and planning that has its origin in study of the archives (those on paper, but in museums too). Perhaps *Historia* renders explicit this tendency of mine, which I've always considered largely covert; more a methodology of research than a quality to be

PROJECTED SHADOW

the patient, between "external" and "internal" space, drawing attention to what Bertocco calls "the projective mechanisms that the mind brings to bear."
ONDE
[fig. 04] HD video, 15 min., 2014
The video was made at the Department of Sleep Medicine of the Fondazione Istituto Neurologico Casimiro Mondino in Pavia, where the disorders of patients suffering from insomnia or difficulties related to sleep in general are studied. Bertocco, over more than six months of filming, gradually explored medical practice as a ritual, always the same and yet always different for each body, for each patient, in a passage from consciousness to nonconsciousness. Not just by looking at the sleeping individuals but, as Simone Frangi writes, "the loss of deep sleep and consequent loss of wakefulness provokes in the patients of *Onde* a genuine social dystonia, a detachment from relational dynamics, from their rituals, from their norms. And a consequent frustration due to a feeling of unrecognizability, of nonbelonging, and a labile assertion of one's own identity." (Simone Frangi, "Francesco Bertocco," *FlashArt Online* [June 8, 2015]: https://flash---art.it/article/francesco-bertocco/)

shown in full light. Only recently has it been turning into a manifest subject of inquiry: I'm thinking of *Praxis* (the work on Freud's studio began with an examination of Edmund Engleman's photographs) or the aforementioned *Historia*, as well as other projects I'm developing. In each work the recovery of traces of the past makes it possible to bring out different ways in which history is used and experienced in the present—or as Michel Foucault has suggested, the investigation of the past is nothing but the shadow of an interrogation of the present.

AC   Speaking of *Praxis*, I can't fail to draw attention to the importance of the language of photography, as well as that of the moving image, in your practice. Photography, like video, should be treated constantly as a tool of understanding, especially when it focuses, as in your case, on the details. The detail, which you yourself have defined as a "linguistic strategy," is a sort of synecdoche, a part taken for the whole which generates a dialectical dynamic with the filmic narration. At one and the same time this probing of the detail brings the video work closer to the photographic one and distances them because it both distances viewers from and draws them into the story that you are telling

A. CASTIGLIONI, F. BERTOCCO

ALLEGORIA
[fig. 05] HD video, 23 min., 2014
Allegoria is a video installation in which a work of Bertocco's is compared and placed in dialogue with the experimental documentary *Il Preteso Corpo* made by Alberto Grifi (1938–2007) in 1977—in which the filmmaker re-presents, as a readymade, historical footage from the period of Fascist rule on the forced medicalization of patients suffering from psychiatric disorders. Bertocco's work is a contemporary counterpart, divided into three chapters, that tackles questions linked to the production of drugs, the presentation of emotions and bodies, and the development of robots of human appearance. The artist speaks of the work in these terms: "*Allegoria* has three narrative parts. The first was shot at a well-known pharmaceutical company. In this location, which has the clearly defined and marked identity typical of the corporation, is set the initial narration. [. . .] In the next part, the middle one, we see footage of a psychodrama session in which a group of people act out moments of their own lives through the theatricalization of the self. In this way the body becomes a mental body that is projected outside of one's own awareness. The last part is set in a robot-

155   on each occasion. In what way, in your work in general and in *Historia* in particular, do these two languages coexist?

FB   Photography is a significant aspect of my work, both as a constituent part of the production process (which in the case of *Historia* has led to a photographic installation in dialogue with the film), and as a reference for the creation of the language of my video projects, which often turn around a photographic model, with fixed camera images of objects or details of architectural elements. My references include the works of photographers who have had a very powerful impact on my work. I'm thinking of Luigi Ghirri, Lewis Baltz, and Louise Lawler, to whom I clearly owe a great debt, or the photographic works of Joachim Koester. Much also stems from a need for a certain type of expression: *Praxis* is a work that could exist only in that form, with that language, with that relationship with the context in which it would be shown. The propensity for detail, for instance, arises from a use that is more strategic than merely aesthetic. While I was shooting *Onde*, the need to avoid revealing the identity of the patients led me to choose long focal lengths and narrow the field of vision, so as not to interfere with the polysomnographic tests and not to enter into "contact" with the patient. This "shadow" direction was developed to comply with the ethics of the (medical) location. Out of this came the decision to employ techniques that start out from the context of production and from the genre to which I'm referring, that of the scientific film, in order to construct a process of redefinition that will modify the constituent elements without distorting their boundaries.

AC   From your first works like *Focus Group* (2011) to *Historia* ten years have passed. At what point do you position this new production of yours? In what way do your scientific, historical, narrative and directorial interests converge in this case? What

ics laboratory in which humanoid robots are studied. In the science-fiction imagination the humanoid body has always been independent and able to control itself, but in scientific reality its existence is always connected to and dependent on the human being. So the artificial body is a body that cannot emerge from itself, trapped in a limbo from which it is not yet able to free itself." (Tattoli, "Francesco Bertocco, una conversazione")

156 keys to the interpretation of this work do you feel you can give the public in light of your personal history?

FB As I was saying, *Historia* represents, in part, a change of tack for me. Rather than a real change, though, this project is a synthesis of the work I've done up to now, a space in which are gathered the themes that I've been exploring and on which converge those aspects out of which I've constructed almost all my works. Putting them in a single container may not just represent a summation of the work I've done so far, but also constitute something different, unexpected. So in part I see *Historia* as an inevitable transformation, but one whose final trajectory I'm not able to foresee. Perhaps, this work more than any other, born in a totally unpredictable, politically unstable context, with a pandemic that has hindered it and is still hindering it as I write these lines, is in the right position to betray the expectations that have generated it. It is as if this film made clearer my propensity for perpetual transformation, my inability to establish a final form, outside the rigidities of any planning process. For this reason I have great expectations where this work is concerned, but not so much with regard to its final outcome as to the direction that it is undoubtedly going to force my practice to take.

A. CASTIGLIONI, F. BERTOCCO

AFFECTIVE SCIENCES
[fig. 06] HD video, 28 min., 2017
The film was shot in Switzerland at the National Center of Competence in Research Affective Sciences—Emotions in Individual Behavior and Social Processes (NCCR—Affective Sciences), the most important organization carrying out large-scale studies of human emotions. Bertocco's work examines the complexity and difficulty of this research, of the classification and identification of emotions and their intrinsic link with the definition of the identity of each individual on the one hand and their irreducible neurophysiological nature on the other.

160   L'immensità dell'ecoregione del deserto di Atacama in Cile,
a nord della città di Santiago, è stata oggetto d'indagine dell'artista italiano Francesco Bertocco. Un pellegrinaggio iniziato attraverso la regione di Tarapacá dove, nell'osservare il luogo più arido del mondo, si avvia la ricerca che lo condurrà a presentare l'opera video *Historia* (2021). Quel primo sguardo diventerà una sorta di input visivo attraverso il quale avvicinarsi a concetti come *chilenización*,[1] globalizzazione e identità.

La *chilenización* di Tarapacá, provincia del Perù prima della Guerra del Pacifico,[2] ha avuto inizio nel 1883 con la firma del *Tratado de Ancón* – che mise fine al conflitto tra Cile e le potenze alleate di Bolivia e Perù – momento in cui la sua sovranità è stata ceduta al Cile. Questo *casus belli* ha comportato un lungo processo di transizione poiché qualsiasi territorio conteso in un conflitto armato e sottomesso a un cambiamento di sovranità rimane non solo una questione politico-amministrativa, ma piuttosto un problema fondamentalmente sociale e culturale.[3] A quel tempo, l'annessione di Tarapacá al Cile aveva costretto l'amministrazione cilena ad affrontare il problema di una regione la cui popolazione rimaneva, allora, a maggioranza di nazionalità peruviana e boliviana.

Queste considerazioni storiche rimangono presenti ancora oggi, seppur invisibili, e si trasformano in una componente cruciale del faticoso viaggio di esplorazione di Bertocco che – senza lasciarsi abbattere né dal sole rovente né dai fitti banchi di nebbia chiamati *camanchaca* – è riuscito a catturare il modo in cui in Tarapacá, a soltanto cinquecento chilometri della città boliviana di Oruro, le distopie di un territorio di confine si materializzano in una varietà di simboli ibridi.

R. ANDAUR

1   Denomina il processo di acculturazione dei territori ceduti dal Perù al Cile in seguito alla Guerra del Pacifico come risultato del trattato di pace di Ancón.

2   Conflitto armato tra il 1879 e il 1884 che contrapponeva il Cile ai suoi alleati Perù e Bolivia. La guerra si è svolta nell'Oceano Pacifico, nel deserto di Atacama e nelle montagne e valli peruviane. Di conseguenza la mappa del Sud America cambia: il Perù cede la provincia di Tarapacá al Cile e la Bolivia perde l'accesso al Pacifico.

3   Sergio González, "Tarapacá: Región en Conflicto (1911-1929)", *Revista de Ciencias Sociales de la Universidad Arturo Prat*, n. 7, 1997, p. 38-47.

La riflessione in cui si immerge l'artista, rivolgendo uno sguardo al passato e simultaneamente al presente, coinvolgono le nozioni di identità, territorio e nazione, concetti oggi più che mai complessi in un mondo che affronta una perenne crisi valoriale ed epistemica.

La *Fiesta de La Tirana*, celebrazione religiosa che avviene ogni luglio nella omonima località, rappresenta un esempio di quel gioco permanente di opposizioni sull'asse noi/altri, di confronti, somiglianze e differenze in grado di confermare o confutare i preconcetti su ciò che dovrebbe essere una sorta di identità legata al territorio.[4] Durante un affollato pellegrinaggio verso la pampa di Tamarugal, i fedeli si rivolgono alla *Ñusta Huillac*[5] conosciuta anche come la *Virgen de La Tirana*, figura religiosa che raccoglie nella sua immagine il mitico barocco della conquista europea insieme alla colonizzazione cilena di un territorio come quello di Tarapacá.

Attraverso i penitenti, i ballerini e i mercanti che si radunano in ogni angolo della città, è possibile percepire il filo che lega l'immaginario locale a quello della globalizzazione. È proprio in queste celebrazioni, nel conferire un carattere multiculturale alle realtà locali sempre più globalizzate, che il carattere transfrontaliero di Tarapacá – minacciata per secoli dall'esplorazione mineraria transnazionale – si manifesta.

Cosa rimane della nozione d'identità quando i grandi concetti su cui si fonda (popolo, nazione, comunità, classe, territorio) sono stati messi in discussione? Un sottosuolo oscuro dove il reale e il simbolico sono in perenne discordia.

ATACAMA: SPETTRI D'IDENTITÀ

4   Gilberto Gimenez, "Cultura, identidad y memoria. Materiales para una sociología de los procesos culturales en las franjas fronterizas", *Revista Frontera Norte* 21, n. 41, 2009.

5   Secondo una serie di leggende documentate la *Ñusta Huillac* sarebbe stata figlia di un sacerdote Inca fuggito dalla spedizione di Diego de Almagro. Questo evento si verificò nella prima metà del XVI secolo e portò il fuggitivo a dominare i territori che oggi compongono la Pampa del Tamarugal. Era soprannominata *La Tirana* (Il Tiranno) per i presunti maltrattamenti subiti dai suoi prigionieri, compresi gli europei e gli indiani del posto. Il termine ñusta deriva dal Quechua e potrebbe riferirsi alle principesse inca.

162   Nel confrontarsi con questo complesso di idee, Bertocco riscontra la difficoltà di dover lavorare sulle tracce lasciate nel deserto di Atacama tanto dal processo di *chilenización* quanto dai meccanismi associati al funzionamento dell'economia globale.

Dall'immersione nell'esperienza quotidiana del deserto e dei suoi villaggi, l'artista identifica elementi piuttosto contrastanti – ancora testimoni di un'ibridazione contrassegnata dallo stigma di un folclore mitico[6] – e attraverso il suo intervento, il gesto dell'artista riesce a ritrovare una sorta di sintesi, un'unità che credevamo perduta. Inoltre, in *Historia*, Bertocco riesce a volgere lo sguardo verso un'alterazione persistente dell'ecosistema della regione: enormi rimozioni di terra, discariche di rifiuti, architetture mutilate e incompiute, corsi d'acqua artificiali in una morfologia arida modellata dall'azione del vento.

Immergersi nel deserto di Atacama è rassegnarsi a scorgere i confini, essere in grado di convivere con l'indeterminatezza, con un oltre sconosciuto e irraggiungibile al di là del campo visivo dell'Io; nello stesso modo in cui non è possibile tracciare i limiti di un territorio e assegnarne una determinata identità senza cadere nello stereotipo o in una sorta di etnocentrica presunzione.

R. ANDAUR

6   Lo Stato cileno ha ridotto la complessità delle tradizioni e la conoscenza degli abitanti di Tarapacá semplificando i riti indigeni e trasformandoli in stereotipi.

ATACAMA: PHANTOMS OF IDENTITY

The immensity of the ecoregion of the Atacama Desert in Chile, north of the city of Santiago, is the subject of an investigation conducted by the Italian artist Francesco Bertocco. A pilgrimage that began in the region of Tarapacá, where his observation of what is the driest place in the world prompted him to embark on the research that would lead to the presentation of the video *Historia* (2021). That first impression was to become a sort of visual input through which to approach concepts like *chilenización*,[1] globalization, and identity.

The *chilenización* of Tarapacá, a province of Peru prior to the War of the Pacific,[2] commenced in 1883 with the signing of the *Tratado de Ancón*—which put an end to the conflict between Chile and the alliance of Bolivia and Peru—the moment at which sovereignty over the region was ceded to Chile. This *casus belli* resulted in a long process of transition, since any territory contested in an armed conflict and subject to a change of sovereignty is inevitably not just a political and administrative question, but also and above all a fundamentally social and cultural problem.[3] At that time, the annexation of Tarapacá to Chile obliged the Chilean government to deal with the problem of a region in which the majority of the population was still of Peruvian and Bolivian nationality.

ATACAMA: PHANTOMS OF IDENTITY

1   The name given to the process of acculturation of the territories ceded to Chile by Peru as a result of the Treaty of Ancón following the War of the Pacific.

2   An armed conflict that took place from 1879 to 1884 between Chile and an alliance of Bolivia and Peru. The war was fought in the Pacific Ocean, the Atacama Desert, and the mountains and valleys of Peru. The result was a redrawing of the map of South America: Peru ceded the province of Tarapacá to Chile and Bolivia lost its access to the Pacific.

3   Sergio González, "Tarapacá: Región en Conflicto (1911-1929)," *Revista de Ciencias Sociales de la Universidad Arturo Prat*, no. 7 (1997): 38-47.

These historical factors are still at work today, although under the surface, and became a crucial component of the demanding journey of exploration undertaken by Bertocco. In fact—without being put off by either the scorching sun or the dense banks of fog called *camanchacas*—he has succeeded in capturing the way that in Tarapacá, at a distance of just five hundred kilometers from the Bolivian city of Oruro, the dystopias of a borderland find expression in a variety of hybrid symbols.

The reflection in which the artist immerses himself, turning his gaze simultaneously on the past and the present, involves notions of identity, territory and nation, concepts that are more complex than ever today in a world that is beset by a perennial crisis in values and consciousness.

The *Fiesta de La Tirana*, a religious celebration held every July at the locality of the same name, is an example of the permanent interplay of oppositions along the axis of us and the others, of comparisons, similarities and differences able to confirm or refute preconceptions about what is supposed to be a sort of identity linked to territory.[4] On pilgrimage to the Pampa del Tamarugal, large numbers of the faithful appeal to *Ñusta Huillac*,[5] also known as the *Virgen de La Tirana*, a religious figure in whose image the baroque myth of the European conquest is melded with the Chilean colonization of a territory like that of Tarapacá.

Through the penitents, dancers, and merchants who gather in every corner of the city, it is possible to discern the thread that links the local imagery to that of globalization. It is precisely

R. ANDAUR

4   Gilberto Gimenez, "Cultura, identidad y memoria. Materiales para una sociología de los procesos culturales en las franjas fronterizas," *Revista Frontera Norte* 21, no. 41 (2009).

5   According to a series of legends *Ñusta Huillac* was the daughter of an Inca priest who fled from the expedition led by Diego de Almagro. This event took place in the first half of the 16th century and led to the fugitive priest becoming the ruler of the territories that today make up the Pampa del Tamarugal. His daughter was given the name *La Tirana* (The Tyrant) because of her alleged mistreatment of prisoners, including Europeans and indigenous people. The term *ñusta* is derived from Quechua and may have been the name used for Inca princesses.

in these festivities, in the way that they bestow a multicultural character on an increasingly globalized local reality, that the cross-border nature of Tarapacá—menaced for centuries by transnational exploration for mining—finds expression.

What is left of the notion of identity when the grand concepts on which it is founded (people, nation, community, class, territory) are brought into question? An obscure substratum where the real and the symbolic are in perpetual discord.

In tackling this complex of ideas, Bertocco has been faced with the difficulty of having to work on the traces left in the Atacama Desert as much by the process of *chilenización* as by mechanisms associated with the functioning of the global economy.

From his immersion in the everyday experience of the desert and its villages, the artist has identified somewhat contrasting elements—again testimonies to a hybridization marked by the stigma of a mythical folklore[6]—and through his intervention, the artist has been able to find a sort of synthesis, a unity that we believed lost. In addition, in *Historia*, Bertocco succeeds in drawing our attention to a persistent alteration of the region's ecosystem: enormous movements of earth, garbage dumps, mutilated and unfinished buildings and artificial watercourses in an arid morphology modeled by the action of the wind.

Steeping oneself in the Atacama Desert means resigning oneself to only glimpsing its boundaries, being able to live with its vagueness, with an unknown and unreachable beyond that lies outside the visual field of the self; in the same way in which it is impossible to trace the edges of a territory and assign them a particular identity without lapsing into the stereotype or into a sort of ethnocentric conceit.

ATACAMA: PHANTOMS OF IDENTITY

6   The Chilean state has reduced the complexity of the traditions and knowledge of the inhabitants of Tarapacá by simplifying the indigenous rituals and turning them into stereotypes.

DIDASCALIE / CAPTIONS

p. 17–32, 97–112, 169–84
Historia (still), 4K video, 16:9, colore / color, stereo sound, 27 min., 2021

p. 44, 48–49, 51, 54, 59, 62, 68, 72–73, 76, 82–83
Historia, stampa giclée / giclée print, 40 × 60 cm, 2021

Copertina / Cover
Historia (still), 4K video, 16:9, colore / color, stereo sound, 27 min., 2021.
Dettaglio di / detail of Julio Escámez, *Historia de la Medicina y la Farmacología
en Chile*, murales / mural, 1957

FRANCESCO BERTOCCO: HISTORIA

Progetto realizzato grazie al sostegno dell'Italian Council (7. Edizione, 2019), programma di promozione di arte contemporanea italiana nel mondo della Direzione Generale Creatività Contemporanea del Ministero della Cultura / Project realized with the support of Italian Council (7th edition, 2019), program for the promotion of Italian contemporary art organized by the Directorate-General for Contemporary Creativity of the Ministry of Culture

Istituzione capofila / Lead partner:
Viafarini – Organizzazione per la promozione della ricerca artistica, Milano / Organization for the promotion of artistic research, Milan

Partner di progetto / Project partners:
Museo MA*GA, Gallarate
MAC – Museo de Arte Contemporáneo, Santiago, Cile / Chile
Museo de la Química y Farmacia Profesor César Leyton Caravagno, Santiago, Cile / Chile
Istituto Italiano di Cultura di Santiago, Cile / The Italian Cultural Institute in Santiago, Chile

MOSTRE / EXHIBITIONS

Museo MA*GA, Gallarate

29 maggio – 1 agosto 2021 /
May 29–August 1, 2021
a cura di / curated by Alessandro Castiglioni

MAC – Museo de Arte Contemporáneo, Santiago, Cile / Chile
Museo de la Química y Farmacia Profesor César Leyton Caravagno, Santiago, Cile / Chile

30 maggio – 31 dicembre 2021 /
May 30–December 31, 2021
a cura di / curated by Mariagrazia Muscatello

PRODUZIONE / PRODUCTION

Viafarini – Organizzazione per la promozione della ricerca artistica, Milano / Organization for the promotion of artistic research, Milan
Presidente / President: Patrizia Brusarosco
Coordinamento generale / General coordination: Giulio Verago
Coordinamento curatoriale / Curatorial coordination: Mariagrazia Muscatello

Museo MA*GA, Gallarate
Presidente / President: Sandrina Bandera
Direttore / Director: Emma Zanella
Conservatore senior / Senior curator: Alessandro Castiglioni

MAC – Museo de Arte Contemporáneo, Santiago, Cile / Chile
Direttore / Director: Daniel Cruz Valenzuela
Responsabile contenuti Anilla Cultural MAC / Content manager Anilla Cultural MAC: Alessandra Burotto
Coordinatrice / Coordinator: Paola Nava

Museo de la Química y Farmacia Profesor César Leyton Caravagno, Santiago, Cile / Chile
Direttore / Director: Richard Solis
Coordinatore / Coordinator: Iván Quezada

FILM

Scritto e diretto da / Written and directed by: Francesco Bertocco
Produzione / Production: Viafarini – Organizzazione per la promozione della ricerca artistica, Milano / Organization for the promotion of artistic research, Milan; MAC – Museo de Arte Contemporáneo, Santiago, Cile / Chile; Museo de la Química y Farmacia Profesor César Leyton Caravagno, Santiago, Cile / Chile
Riprese e fotografia / Cinematography: Francesco Bertocco, Tiziana Panizza (super8 film), José Jimenez
Suono e musiche / Sound and music: Flavio Scutti
Color Grading: Pierluca Zanda, Michele Catalano, Gabriele Rossi
Con / With: Diana Aurenque Stephan, Francisco Huichaqueo Pérez, Catalina Alvarado Cañuta, Raimundo Castro Flores, Luisa Ramos Chaipana

Traduzioni / Translations: Ana Laura Esposito, Maria Antonietta Pesce
Laboratorio / Laboratory: Andec Filmtechnik, Berlino / Berlin

ATTIVITÀ / ACTIVITIES

"Historia" talk presso / at Istituto Italiano di Cultura di Santiago, Cile / The Italian Cultural Institute in Santiago, Chile, 11 dicembre 2020 / December 11, 2020
"Historia" webinar a cura di / curated by Patrizia Brusarosco, Giulio Verago, 12 giugno 2021 / June 12, 2021

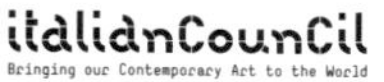 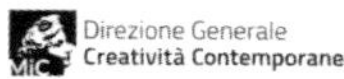 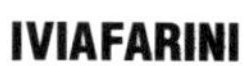 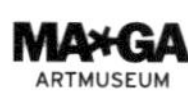 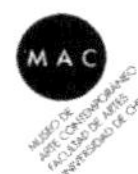 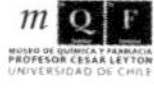

FRANCESCO BERTOCCO: HISTORIA

Autori dei testi / Text contributors:
Rodolfo Andaur, Francesco Bertocco, Alessandro Castiglioni, Mariagrazia Muscatello, Iván Oyarzún Quezada, Richard Francisco Solis, Cecilia Vicuña, Lucrezia Calabrò Visconti

Publishing editor:
Isabella Zamboni, Mousse

Progetto grafico / Graphic design:
Anna Azzali, Mousse

Traduzioni / Translations:
Ana Laura Esposito, Shanti Evans

Pubblicato e distribuito da /
Published and distributed by:
Mousse Publishing
Contrappunto s.r.l.
Corso di Porta Romana 63
20122, Milano / Milan – Italia / Italy

Distribuzione / Available through:
Mousse Publishing, Milano / Milan
moussepublishing.com
DAP | Distributed Art Publishers, New York
artbook.com
Vice Versa Distribution, Berlino / Berlin
viceversaartbooks.com
Les presses du réel, Digione / Dijon
lespressesdureel.com
Antenne Books, Londra / London
antennebooks.com

Prima edizione / First edition: 2021

Stampato in Italia da / Printed in Italy by:
Intergrafica Verona S.r.l.

ISBN 978-88-6749-494-1
€ 22 / $ 25

Ringraziamenti / Acknowledgments:
For their valuable help, we wish to thank Marco Acquafredda, Rodolfo Andaur, Francisco Brugnoli Bailoni, Paula Bell, Umberto Bertocco, Patrizia Brusarosco, Donatella Calegari, Catalina Alvarado Cañuta, Alessandro Castiglioni, Maria Giovanna Cicciari, Montserrat Rojas Corradi, Museo per la Storia dell'Università di Pavia / Pavia University History Museum, Istituto Italiano di Cultura di Santiago (Cile) / The Italian Cultural Institute in Santiago (Chile), Ana Laura Esposito, Maria Carla Garbarino, Museo Camillo Golgi, Alessandro Laita, Mariagrazia Muscatello, Ignacio Prieto Ovalle, Tiziana Panizza, Ivàn Quezada, Chiaralice Rizzi, Martha Rosler, Gabi Scardi, Richard Solis, Diana Aurenque Stephan, Giulio Verago, Cecilia Vicuña, Emma Zanella

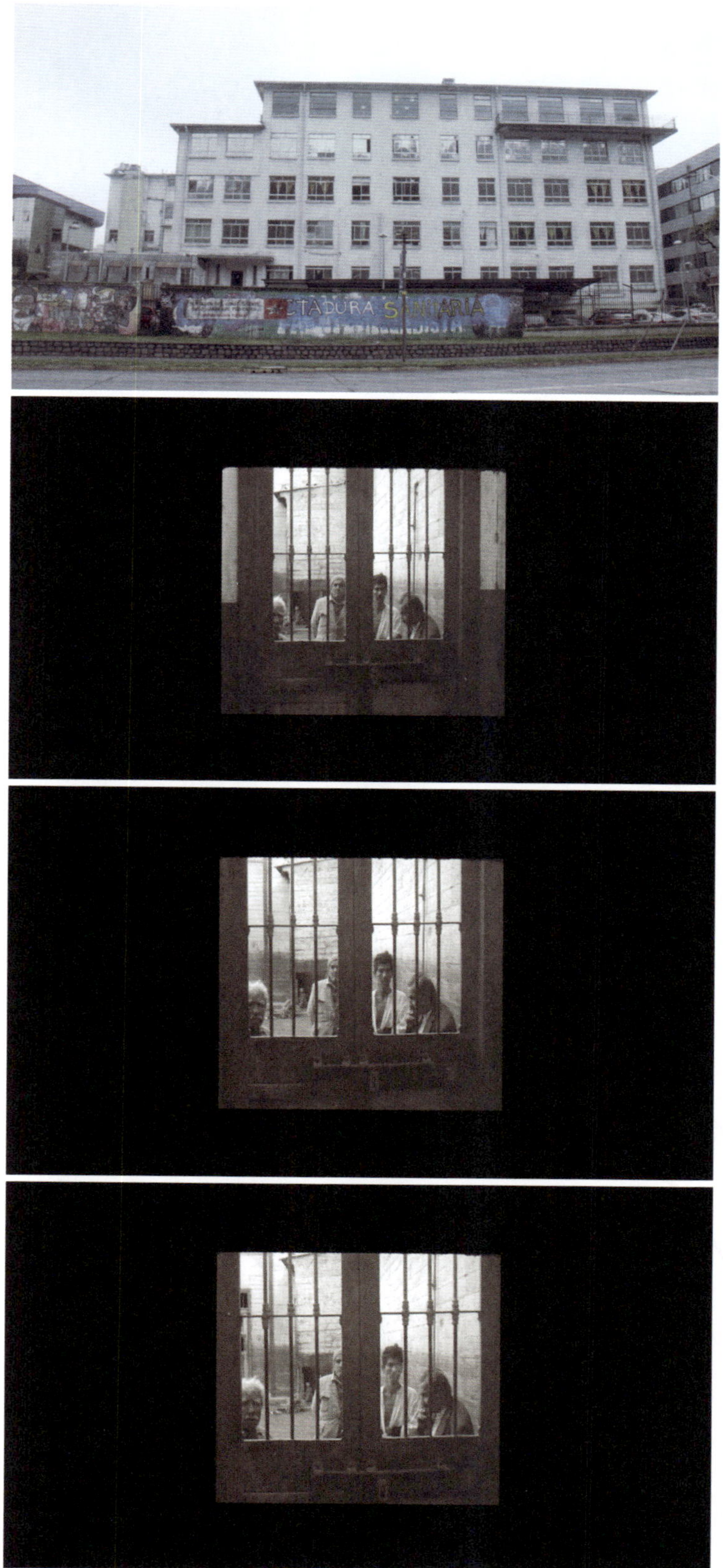

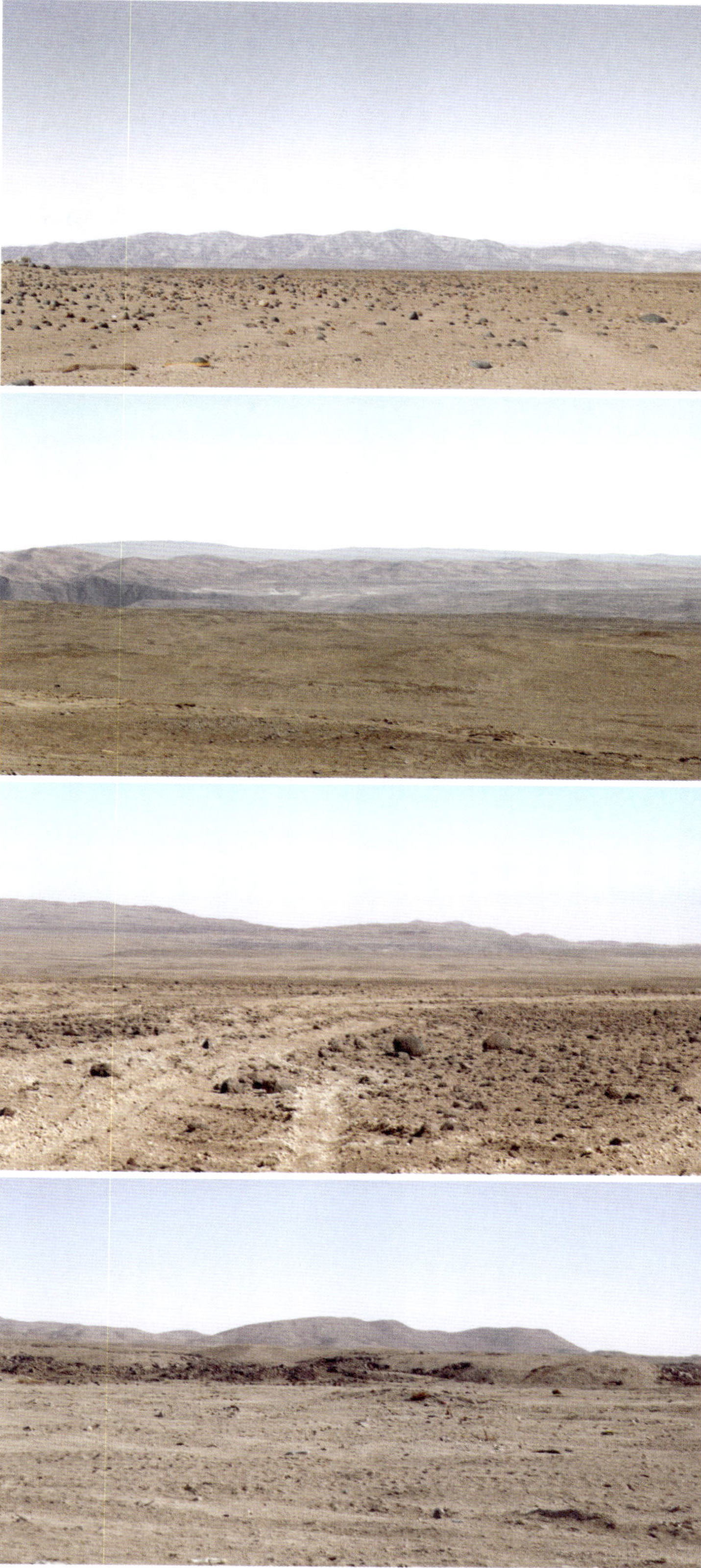

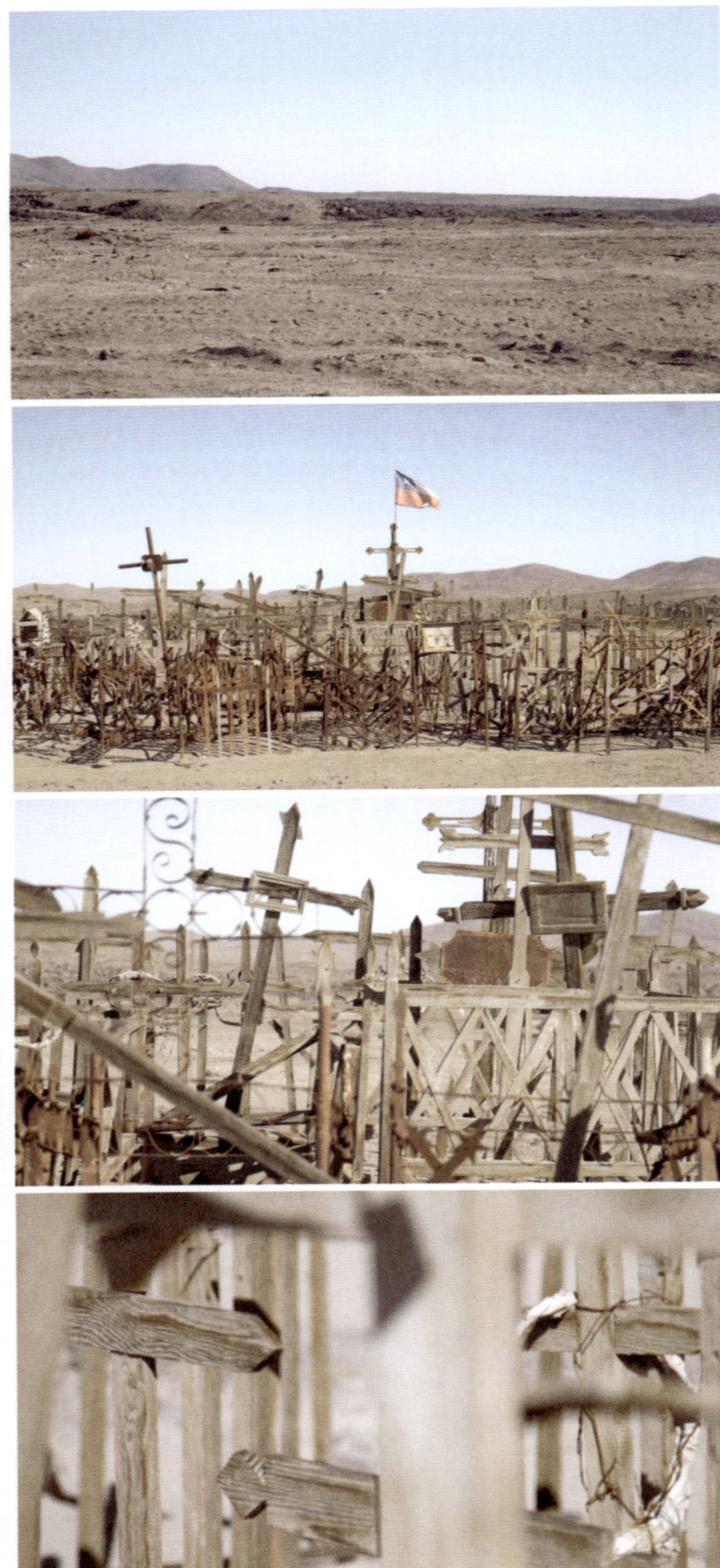

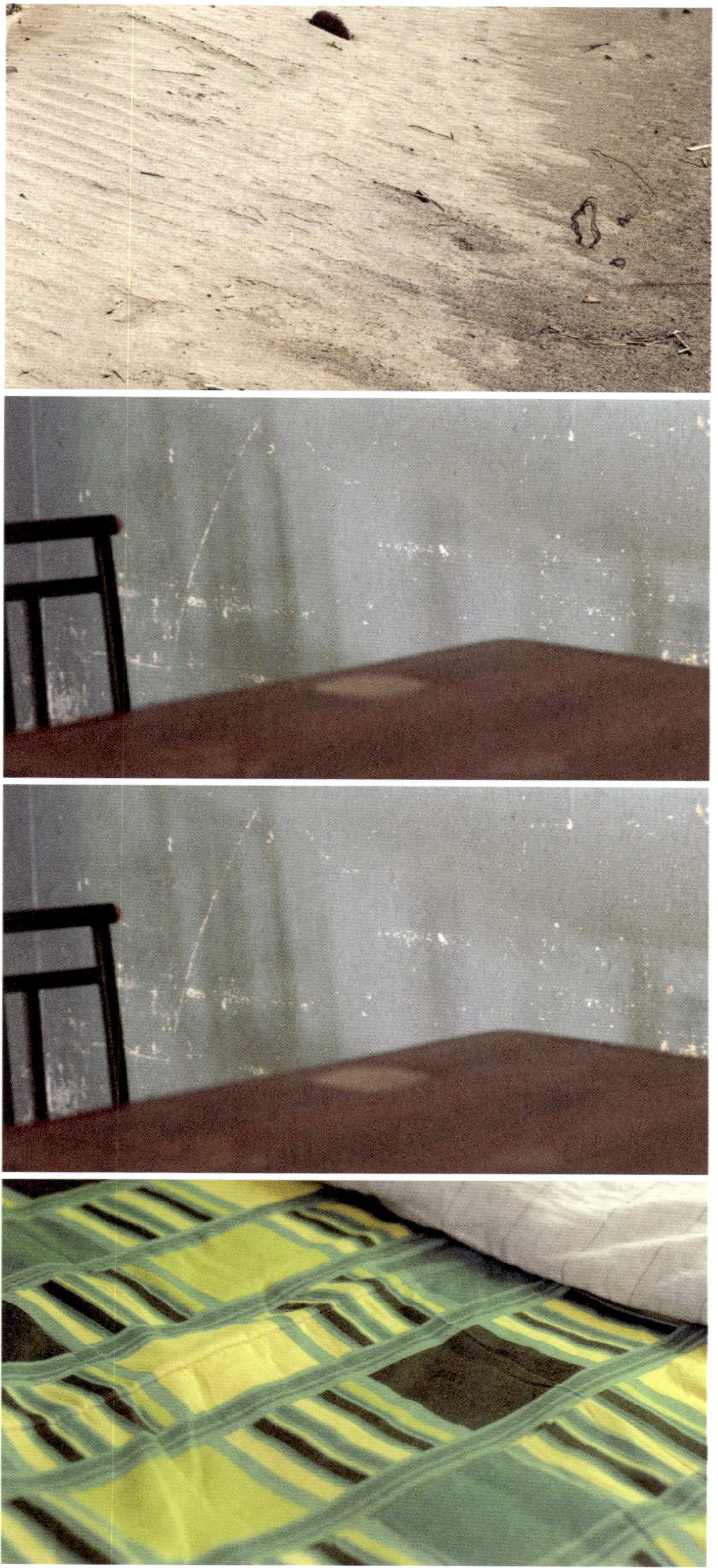

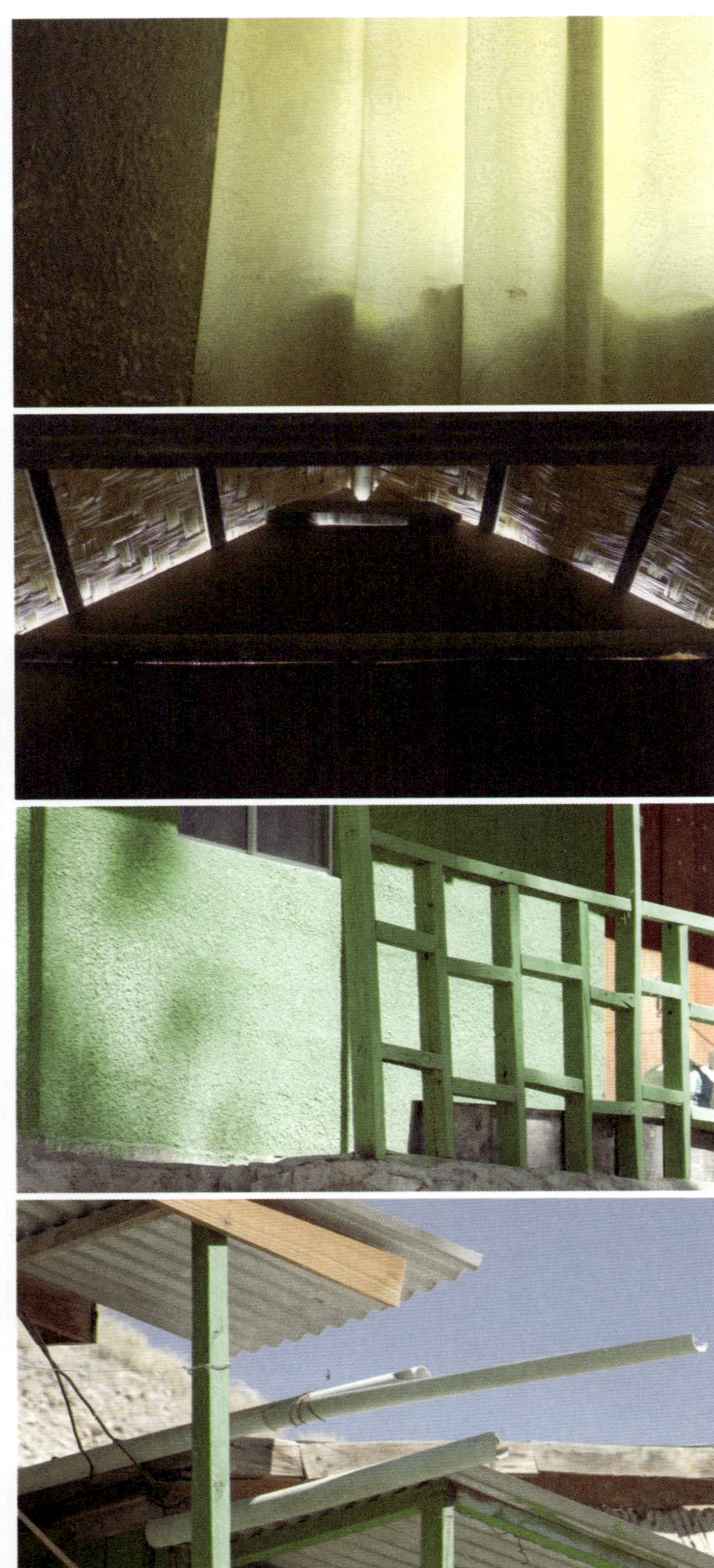

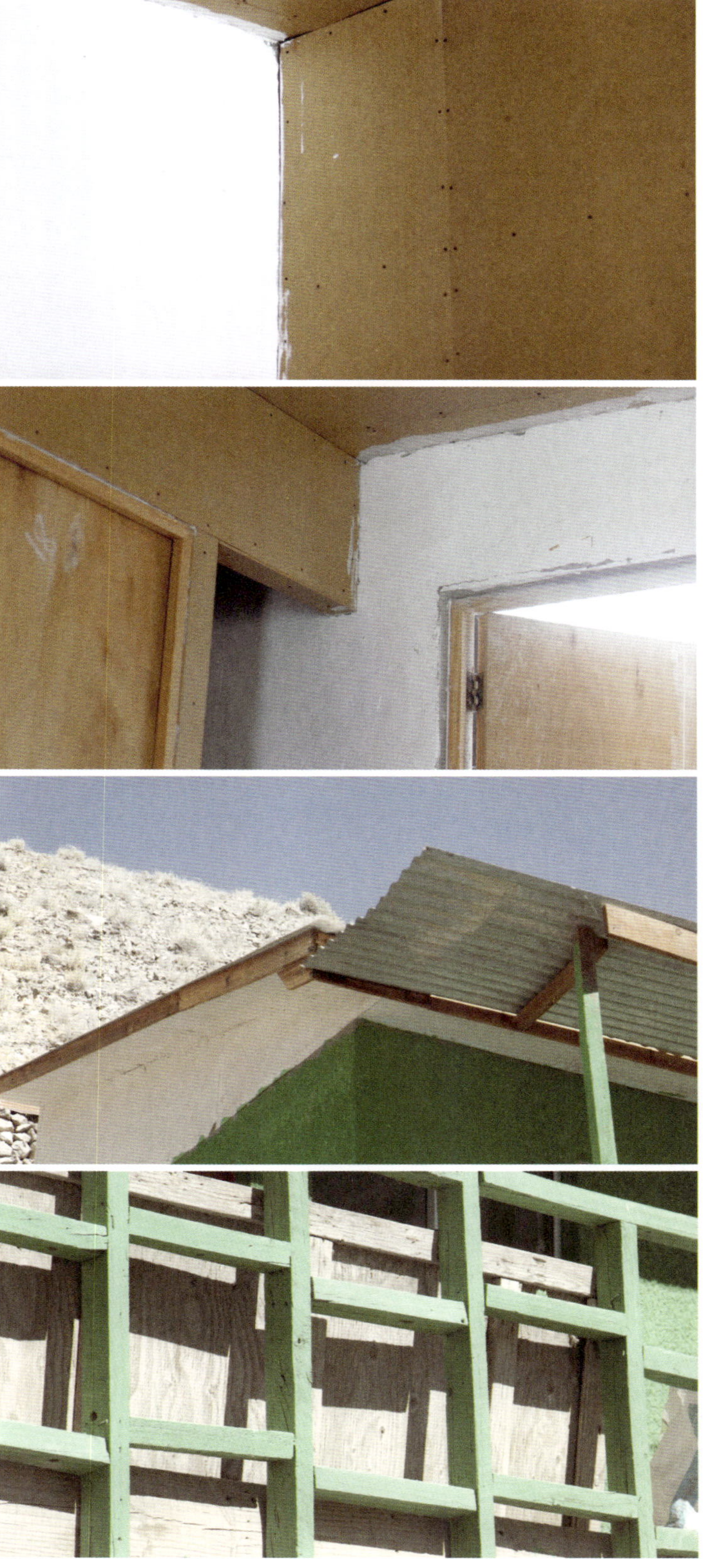

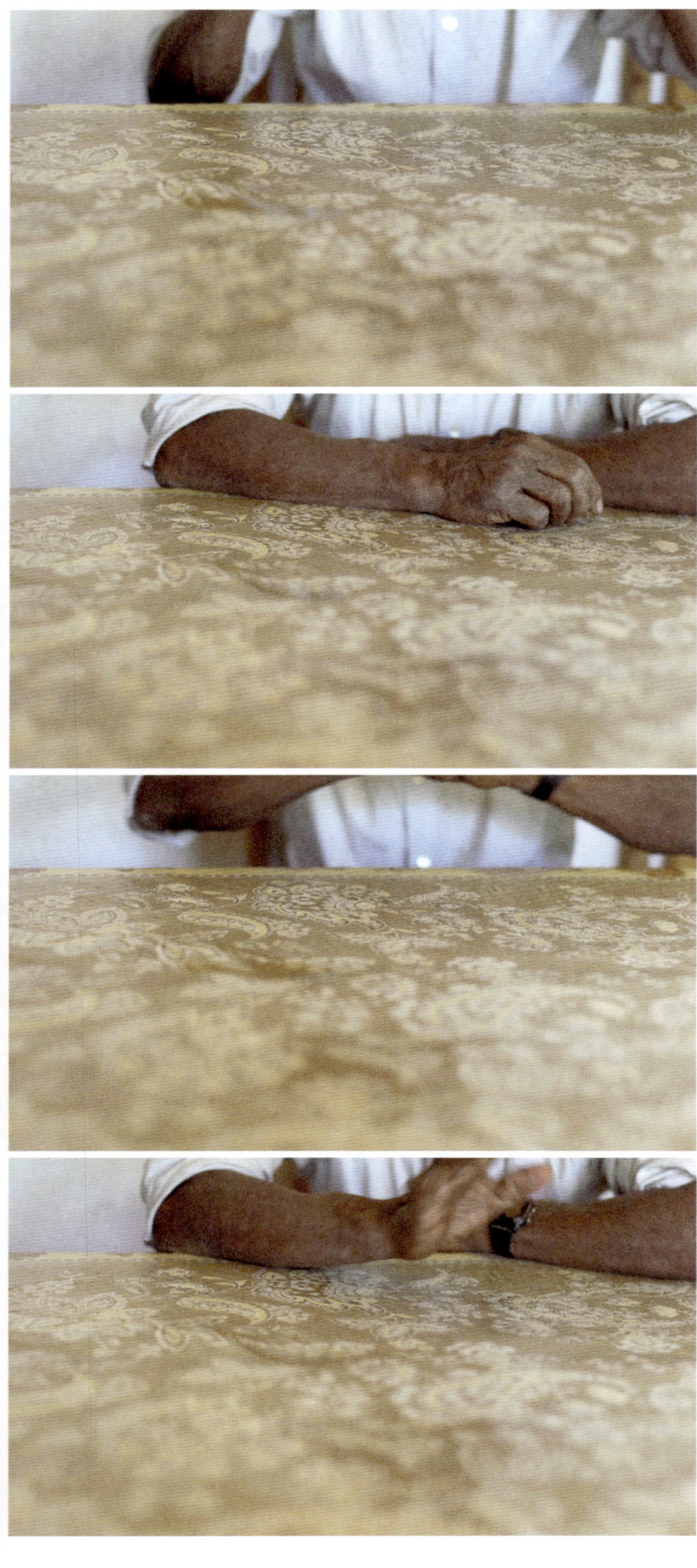

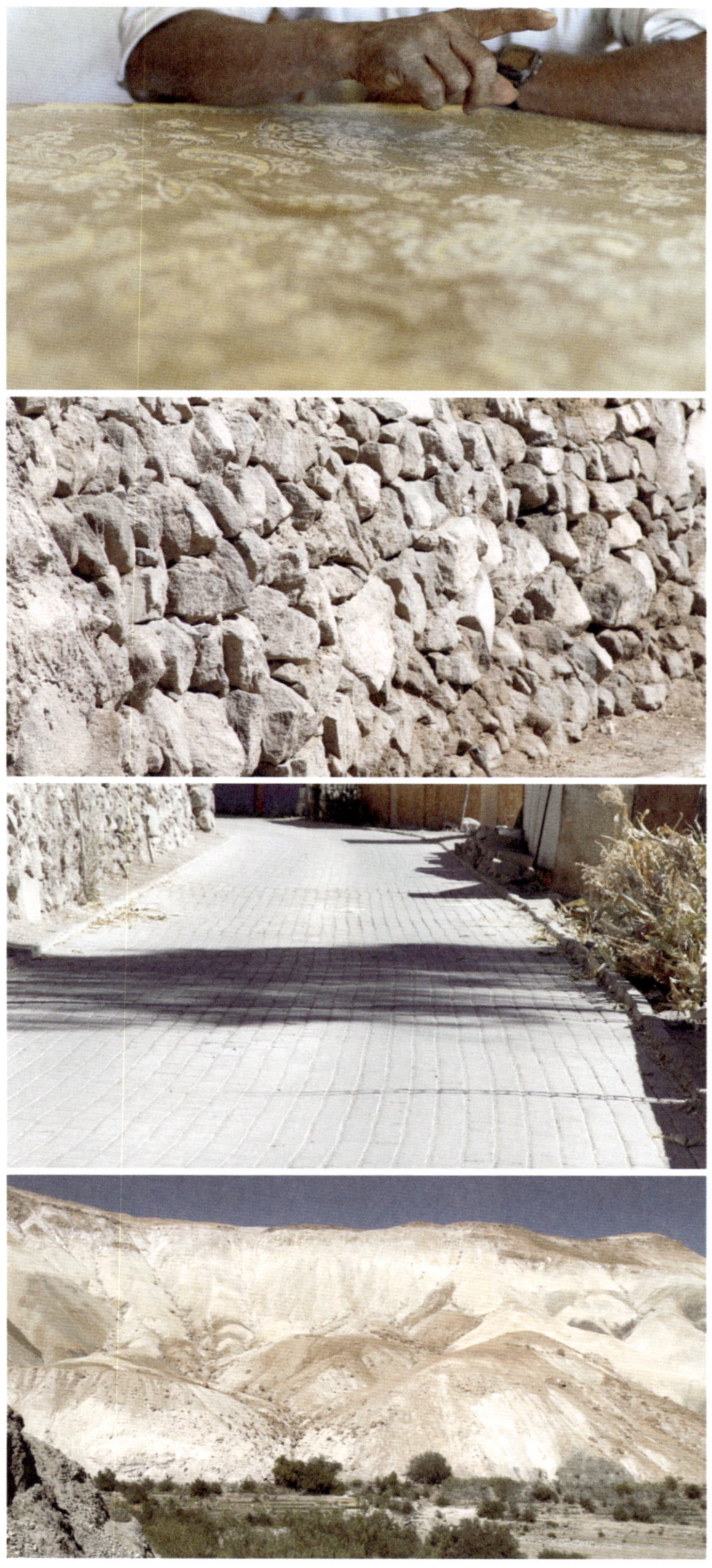

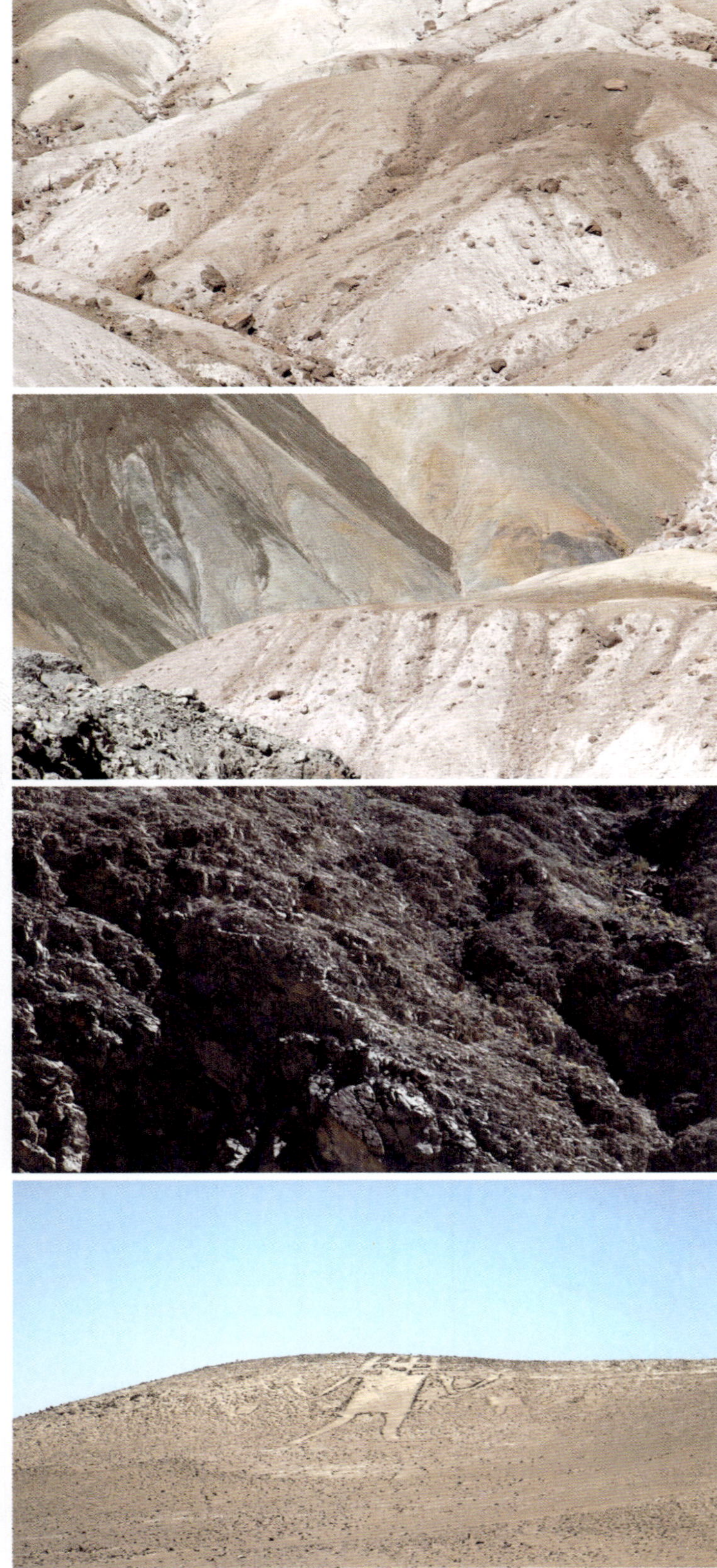

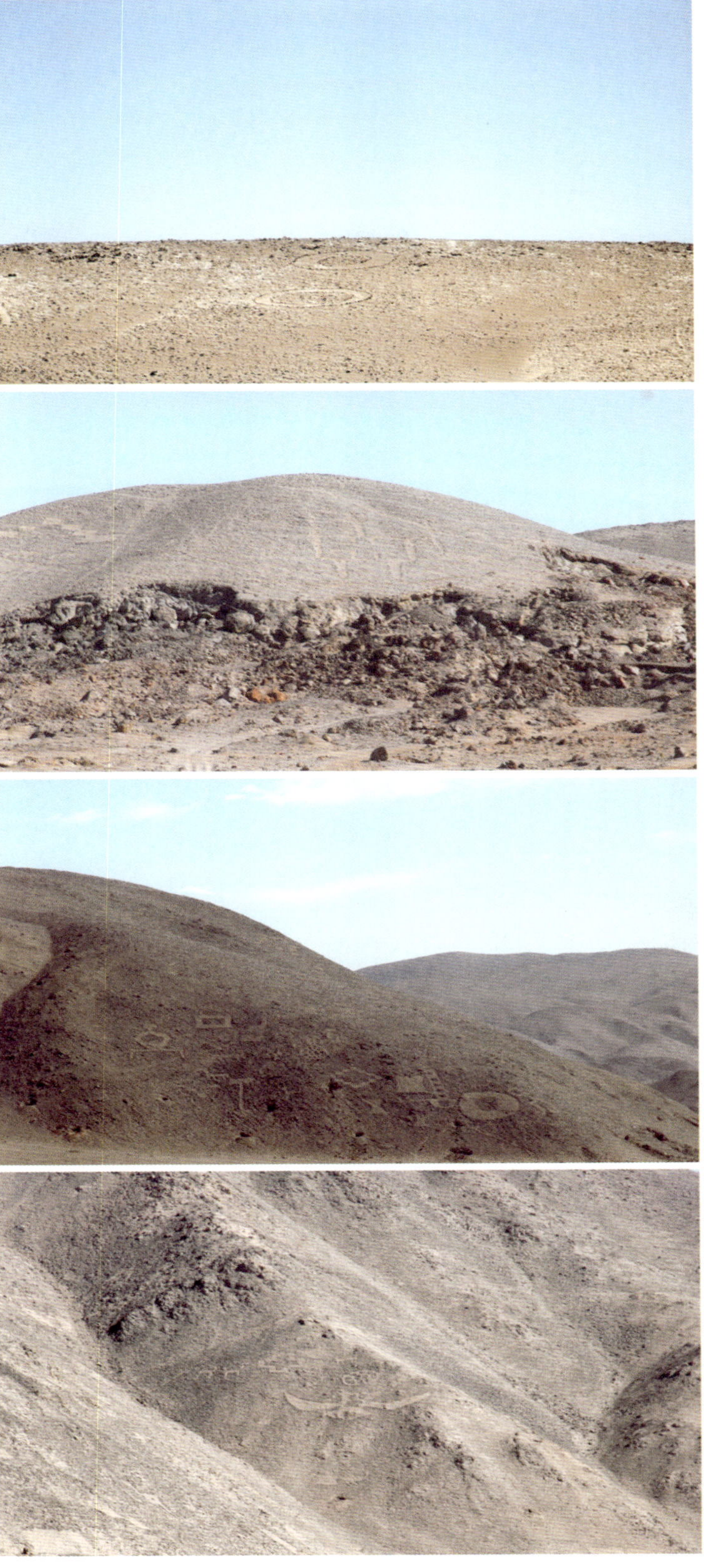

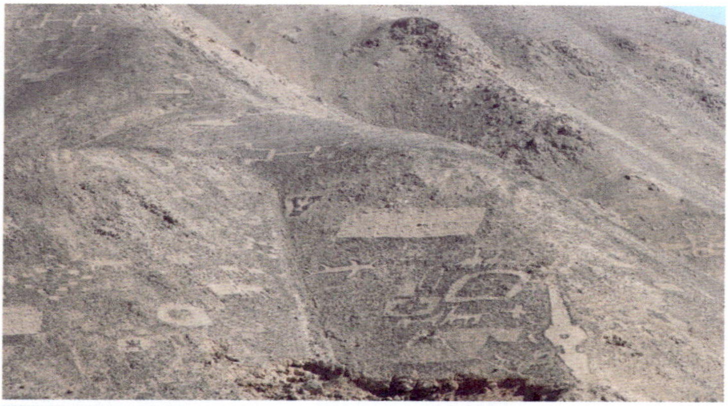

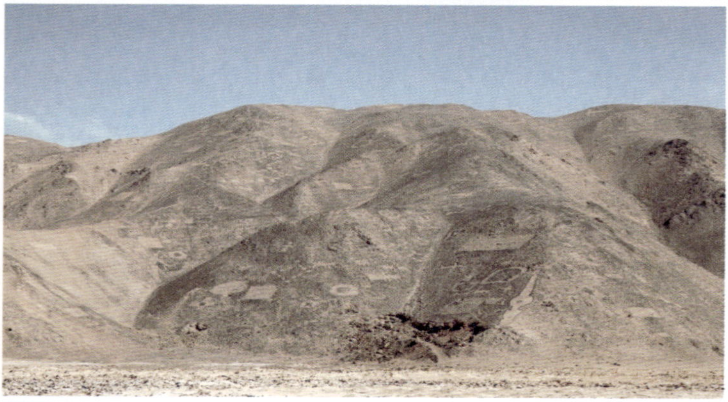

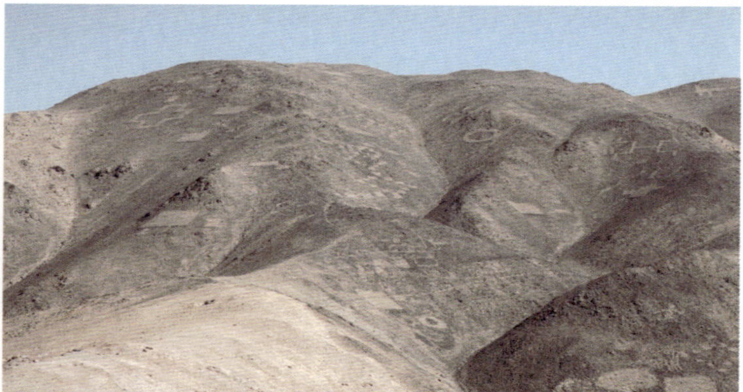

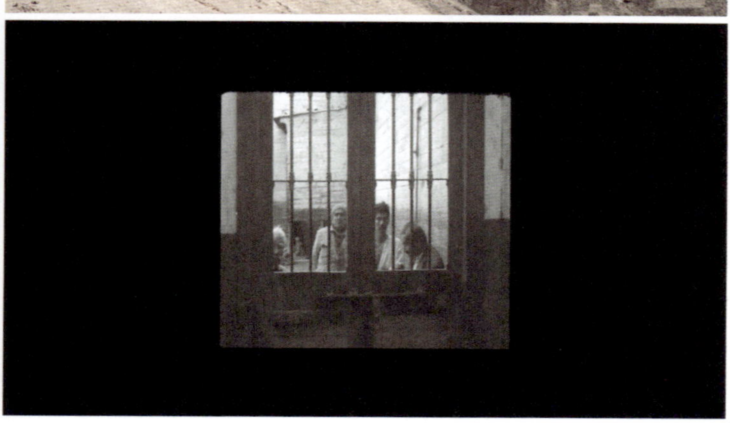

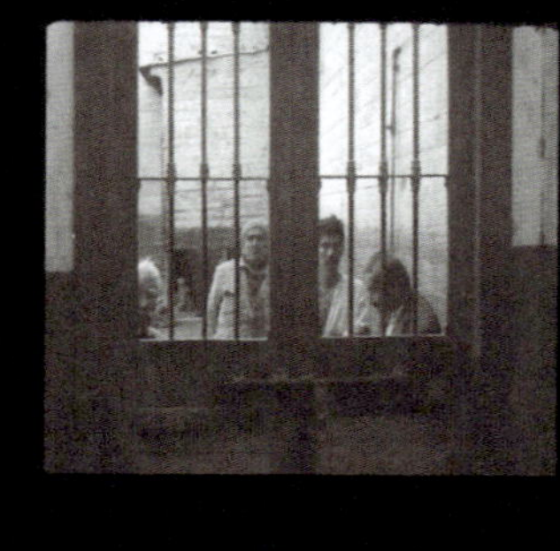

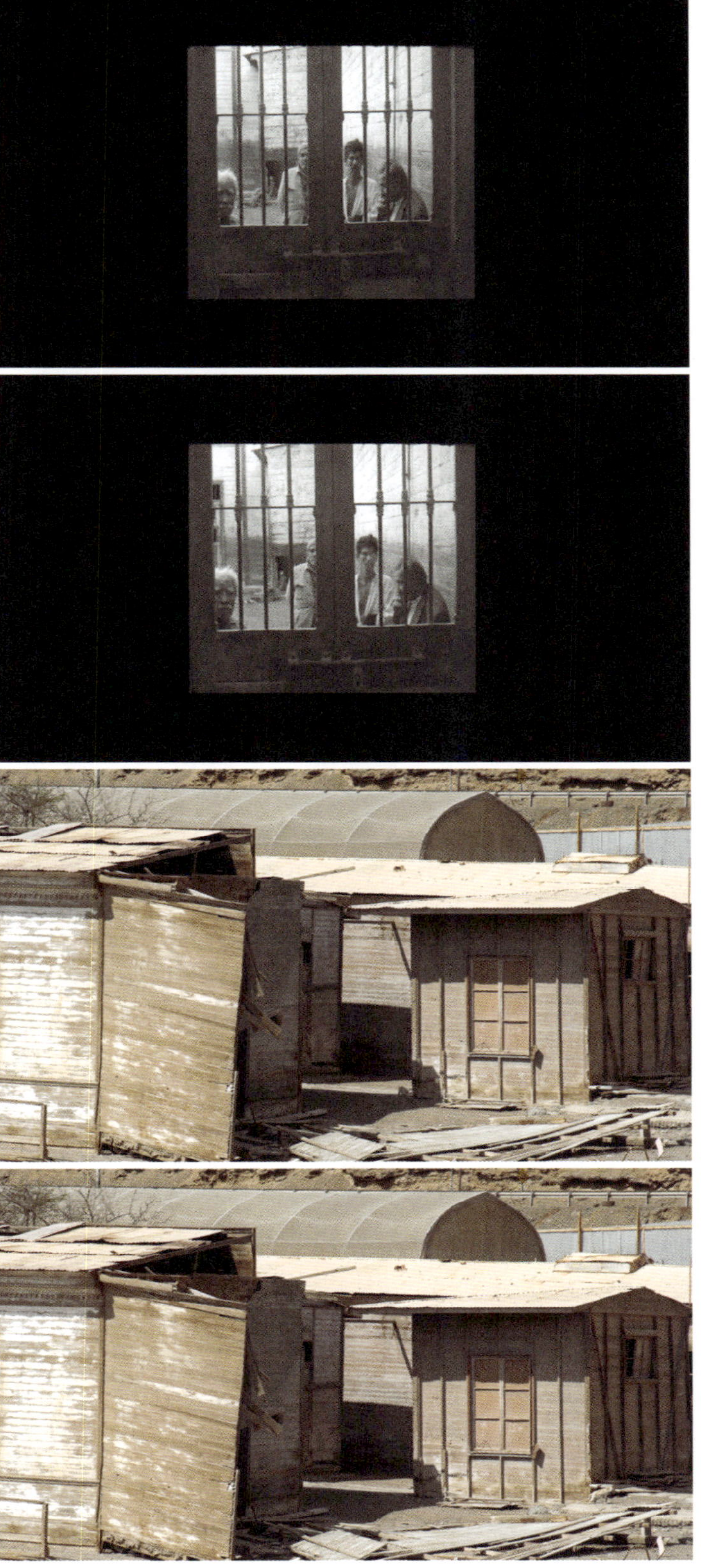

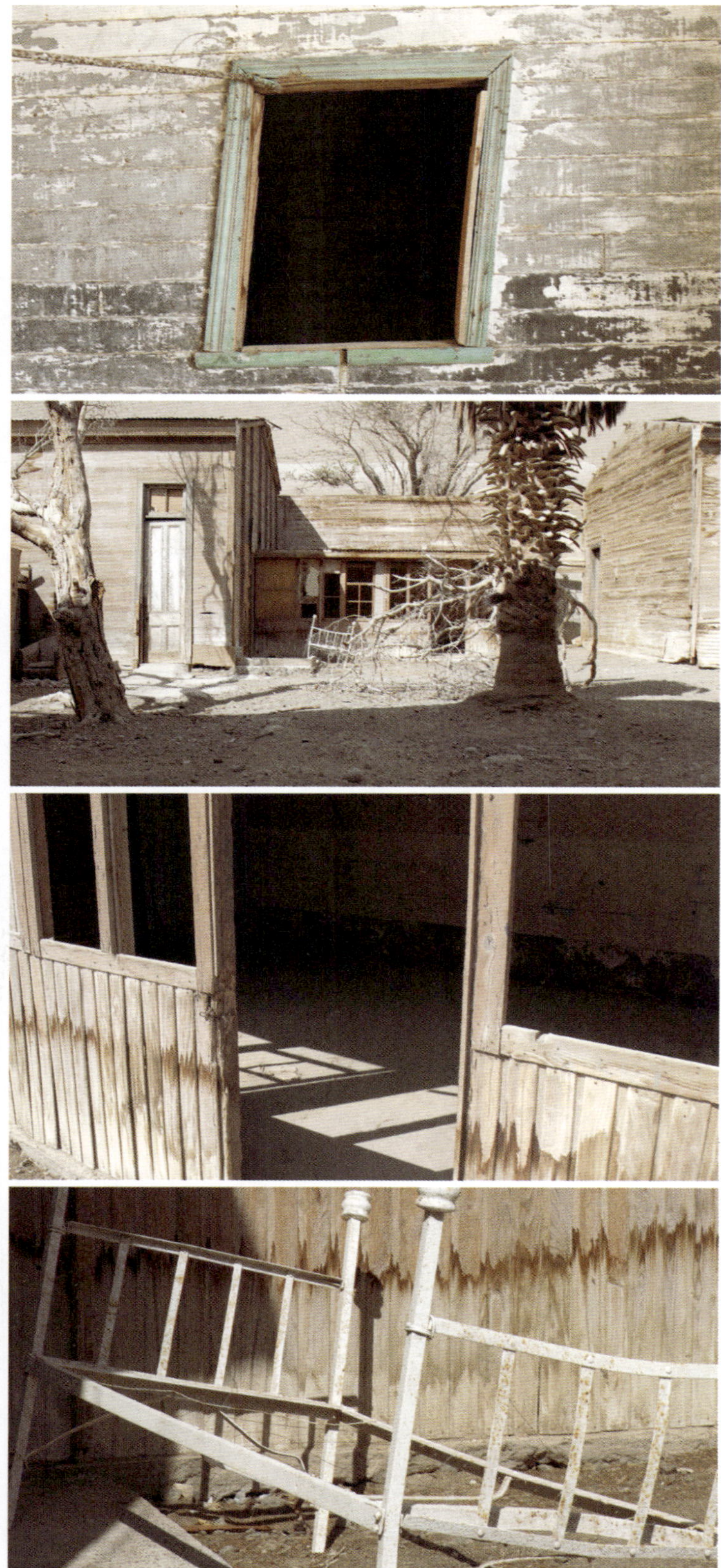

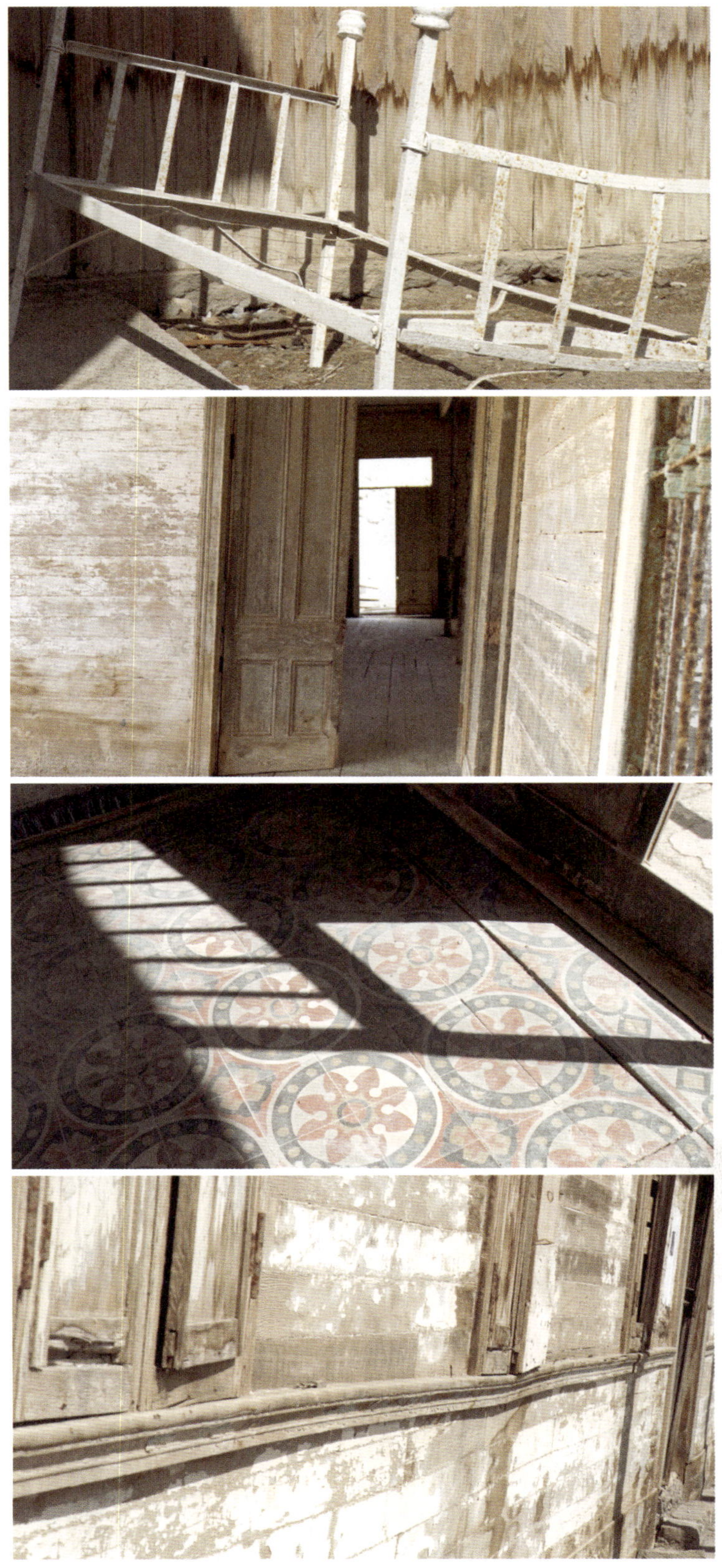

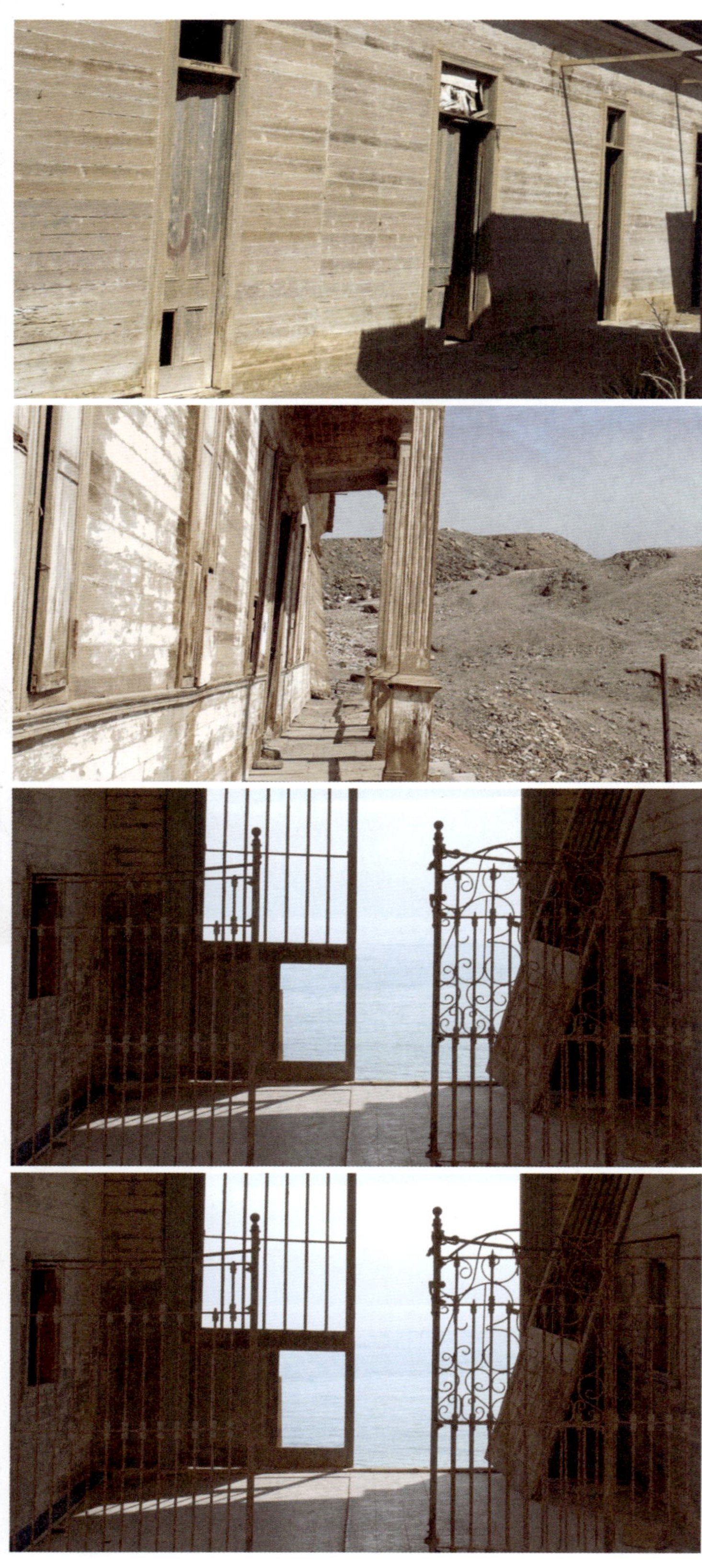